[ÉDITORIAL]

W0308951

La paix se reçoit

KAREM BUSTICA
rédactrice en chef
de *Prions en Église*

La paix serait-elle devenue un rêve de Noël ? Les témoins rencontrés pour réaliser ce hors-série affirment le contraire. La paix, ce n'est pas un rêve, c'est quelqu'un. Dans leur couple, dans des maraudes à Aix-en-Provence, à Jérusalem, ils font de l'accueil de la paix leur mode de vie. Car la paix se reçoit, comme le souligne la bibliste Sylvie de Vulpillières. La paix apparaît dans la Bible comme une grâce coûteuse à demander à Dieu dans la prière.

La paix se reçoit dans la prière et dans le service très concret. Guy Willermoz, bénévole au Secours catholique d'Aix-en-Provence fait des maraudes avec les lycéens de la ville. « La première chose que je dis aux lycéens, confie-t-il, c'est de s'accroupir pour rencontrer les personnes de la rue. » Le service de l'autre est d'abord une relation. Cela demande de lever des barrières dans des gestes concrets.

La paix se reçoit aussi dans l'intimité avec Dieu, comme le confie Marie-Armelle Beaulieu. « Parfois, je suis surprise de ma joie intérieure, et je la trouve presque indécente. » La journaliste vit depuis plus de trente ans à Jérusalem, où tout a basculé le 7 octobre 2023. Du fond de sa douleur, elle comprend que la paix du Christ réside dans la capacité à apaiser le regard porté sur le monde.

Alors, un rêve ? Sûrement pas. La paix, c'est le Christ.

Joyeux Noël !

« Votre rédemption approche »

Luc 21, 28

L'Évangile du premier dimanche de l'Avent

LIRE

ÉVANGILE DE JÉSUS CHRIST SELON SAINT LUC 21, 25-28.34-36

« Votre rédemption approche »

En ce temps-là, Jésus parlait à ses disciples de sa venue : « Il y aura des signes dans le soleil, la lune et les étoiles. Sur terre, les nations seront affolées et désemparées par le fracas de la mer et des flots. Les hommes mourront de peur dans l'attente de ce qui doit arriver au monde, car les puissances des cieux seront ébranlées. Alors, on verra le Fils de l'homme venir dans une nuée, avec puissance et grande gloire. Quand ces événements commenceront, redressez-vous et relevez la tête, car votre rédemption approche.

« Tenez-vous sur vos gardes, de crainte que votre cœur ne s'alourdisse dans les beuveries, l'ivresse et les soucis de la vie, et que ce jour-là ne tombe sur vous à l'improviste comme un filet; il s'abattra, en effet, sur tous les habitants de la terre entière. Restez éveillés et priez en tout temps : ainsi vous aurez la force d'échapper à tout ce qui doit arriver, et de vous tenir debout devant le Fils de l'homme. »

La lanterne de l'Avent

Vous pouvez allumer votre lanterne et méditer le premier côté.

VOIR PAGE 12

APPROFONDIR

Sous le signe de la prière

L'évangile qui ouvre le temps de l'Avent donne le ton. Il s'agit d'attendre la venue du Christ dans la vigilance et la prière: sa venue à la fin des temps, certes, mais aussi ses visites intermédiaires. Et cela, sans oublier de faire mémoire de sa venue en notre chair.

LE TEMPS DE LA PRÉPARATION

« *Le Seigneur est ma lumière et mon salut; de qui aurais-je crainte ?* »
Ps 26 (27), 1

LE TEMPS DE L'OBSERVATION

L'évangile évoque les grands bouleversements cosmiques en des termes utilisés par les prophètes de l'Ancien Testament pour parler du jugement de Dieu à la fin des temps – jugement qui précédera l'établissement de son règne. Cela étant, pour Luc, les réalités dernières sont déjà là, en Jésus Christ. Ces bouleversements parlent donc également de ce que nous vivons aujourd'hui: détresses, affolements, guerres, violences qui nous surprennent toujours. Mais ils n'auront pas le dernier mot. Notre foi nous laisse entendre qu'ils ne sont que les prémices de la venue du Fils de l'homme « dans la puissance et dans la gloire ». De fait, qu'il s'agisse de la fin de notre histoire ou de notre quotidien, ils se révèlent être des passages en vue d'une délivrance, d'une rédemption. Rappelons que, dans l'univers biblique, le jugement a pour finalité de remettre le monde, abîmé par les démesures humaines, dans l'ordre voulu par Dieu.

LE TEMPS DE LA MÉDITATION

Après nous avoir proposé de porter un autre regard sur les bouleversements évoqués, lesquels ne seraient que les douleurs annonciatrices d'une libération et de l'avènement d'un monde nouveau, l'évangile nous invite à une réponse ajustée: se redresser, relever la tête – autant dire ne pas se laisser écraser, ne pas sombrer dans le désespoir. Ce qui ne peut s'accomplir sans demeurer en éveil et prier en tout temps. Mais comment prier en tout temps dans les vies bien remplies qui sont les nôtres? La question se pose depuis toujours, sachant qu'il ne s'agit pas de confondre la prière consciente qui tourne ponctuellement notre cœur vers Dieu avec la prière continuelle: celle de l'Esprit dans nos cœurs, celle de notre désir. Ainsi saint Augustin écrit-il à ce sujet que « le refroidissement de la charité, c'est le silence du cœur. Si la charité demeure fervente, tu cries toujours; si tu cries toujours, tu désires toujours » *(Discours sur le Psaume 37,* Cerf).

LE TEMPS DE LA PRIÈRE

« *Le filet s'est rompu; nous avons échappé.* »
Ps 123 (124), 7

Emmanuelle Billoteau, ermite

AU FIL DU JOUR

Au réveil

La nuit n'est déjà plus, le jour n'est pas encore. Progressivement, mon corps, ma conscience reprennent vie. J'entends le chant des oiseaux ou la sonnerie du réveille-matin. J'aperçois une lumière. Est-ce le soleil ou bien la lampe ? Quelques instants, je demeure dans cet entre-deux.

« *Réveille-toi, ô toi qui dors, relève-toi d'entre les morts, et le Christ t'illuminera.* »
Éphésiens 5, 14

Marie-Armelle Beaulieu
« Faisons d'abord la paix dans notre cœur »

Marie-Armelle Beaulieu vit à Jérusalem depuis plusieurs décennies. Elle travaille pour la Custodie de Terre sainte, et en particulier pour la revue *Terre sainte magazine*, dont elle est rédactrice en chef depuis 2006.

Que signifie la paix pour la Terre sainte ?
Cela fait soixante-quinze ans que cette terre ne connaît pas la paix. En revanche, on n'a pas vécu d'aussi grand cycle de violences depuis 1948. Pourtant, Jérusalem est surnommée la « ville de la paix ». Il s'avère que c'est plutôt le contraire. Ce qui a été cassé le 7 octobre 2023 ne va pas se réparer une fois que les armes se seront tues. Cela prendra plusieurs années pour refermer cette blessure.

Comment les habitants de Bethléem vivent-ils aujourd'hui ?
À cause de la suspension des pèlerinages suite aux événements du 7 octobre 2023, il n'y a plus d'apports financiers. Et comme il n'y a pas d'État, aujourd'hui 100 % des Bethléemites sont sans assurance, sans chômage et n'ont pas de couverture sociale. Les chrétiens tiennent grâce à des congrégations : les Franciscains de la Custodie les accueillent dans leurs hôtelleries. Tout le monde est au chômage technique, mais la Custodie maintient un salaire à hauteur de 75 % du salaire initial.

Comment vivre la joie de Noël sur cette terre qui souffre ?
Honnêtement, célébrer le Prince de la paix dans cette situation, c'est difficile ! Il n'y aura pas de paix en Terre sainte à Noël prochain, sauf si le Messie revient. Après l'attaque du 7 octobre 2023 et les crimes qui ont suivi, c'est compliqué de vivre la joie de Noël et de proclamer : « Amen, Alléluia, c'est super, le Sauveur arrive ! » À Noël 2023, nous étions au summum de la souffrance.
Nous intégrons douloureusement que la paix du Christ est ailleurs : il s'agit de réussir à regarder celui qui me fait souffrir comme un homme, pas comme un animal. Cette paix nous donne la capacité non pas •••

[RENCONTRER]

© Gali Tibbon

© Gali Tibbon

••• à changer la politique israélo-palestinienne, mais à apaiser le regard que nous portons sur le monde, malgré la souffrance.

Où trouver la paix du Christ ?

La paix du Christ est au tréfonds de nous. « *Habitare secum* », habiter avec soi-même, dit saint Benoît. Rentrer en soi-même, dans un état de celui qui veut s'unir au Christ. C'est une gymnastique spirituelle, à mettre en place pour trouver l'apaisement dans la foi. Et cela ne s'opère pas d'un coup de baguette magique.

J'aime à me répéter: « Pas de panique, le Seigneur a vaincu la mort. » Le Prince de la paix, ce n'est ni Benyamin Netanyahou, ni Mahmoud Abbas, c'est Jésus.

La paix intérieure, vaste programme !

De même que ce n'est pas celui qui dit: « Seigneur, Seigneur » qui entrera dans le Royaume, ce n'est pas celui qui dit: « Je veux la paix, je veux la paix » qui l'obtiendra. Vouloir la paix chez un autre est hypocrite si on ne fait pas la paix en soi-même, face à ses propres difficultés et à ses guérillas internes, avec un voisin, un enfant, un collègue, un conjoint... On veut la paix en Terre sainte ? Faisons d'abord la paix dans notre cœur.

Et puis, les postures pro-israélienne ou propalestinienne en France ne font qu'alimenter la guerre ici. Elles n'aident personne, voire elles aggravent la situation. À Jérusalem, trois monothéismes cohabitent

« La vie chrétienne, ce n'est pas une vie facile, c'est une vie joyeuse. »

sur moins d'un kilomètre carré: pour moi, c'est le signe évident qu'il faut apprendre à vivre ensemble avec nos différences pour aller vers le Seigneur.

Comment les chrétiens d'Occident peuvent-ils aider les chrétiens du Moyen-Orient à œuvrer pour la paix en Terre sainte ?

Pour éviter les réponses à l'eau de rose, il faut que la paix soit concrète. Si on prétend soutenir la communauté chrétienne au Moyen-Orient, il faut une aide financière. Sinon, on aura peut-être la paix, mais il n'y aura plus de chrétiens au Moyen-Orient. La façon de préserver le christianisme, c'est de permettre aux chrétiens d'ici d'avoir une vie digne dans le travail. Cela veut dire aider les congrégations religieuses qui leur donnent du travail ; elles sont nombreuses. Avoir peur de venir en pèlerinage est légitime, mais on peut compenser le fait de ne pas venir en contribuant financièrement, car la communauté chrétienne est vraiment en difficulté. On peut aussi organiser des quêtes pour que l'argent remonte jusqu'à la Terre sainte par des canaux établis.

Comment faites-vous, personnellement, pour cultiver la paix en vous et autour de vous ?

La paix intérieure est un combat. Un combat contre son propre péché. Le premier péché est de juger l'autre, de l'enfermer dans sa faute. Et ceci, que ce soit pour les Israéliens ou les Palestiniens. Mais c'est un combat à mener. Ne pas vouloir réduire l'autre à ce qu'il fait qui est objectivement dénonçable. Toujours croire que dans celui qui fait des horreurs, on peut restaurer l'humanité. « Plonger mon regard dans celui du Père pour contempler avec lui ses enfants tels qu'il les voit », écrit Christian de Chergé dans son testament. Et voir son prochain, y compris quand il commet le mal, dans la splendeur de la passion et la résurrection du Christ. Le Christ est venu pour racheter, non pas ma perfection, mais ma faute.

Est-ce facile à faire ?

Je n'arrive pas forcément à mettre tout cela en pratique, mais j'essaie de tendre vers cette paix. Ça fait un « mal de chien », c'est pour ça que c'est un combat. Ça arrache, ça lamine ! Et, en même temps, c'est un chemin de liberté devant la blessure. C'est le chemin qui nous conduit vers la véritable paix. La paix qu'on peut trouver en Dieu n'empêche pas d'être de plain-pied dans ce que nous vivons de la noirceur. La vie chrétienne, ce n'est pas une vie facile, c'est une vie joyeuse. Parfois, je suis surprise de ma joie intérieure, et je la trouve presque indécente. Mais, dans le même temps, je souffre à un tel point ! La paix du Seigneur est ailleurs que dans nos plaisirs, dans nos sens. C'est géant, c'est de la physique quantique ! ■

Propos recueillis par
Anne-Quitterie Jozeau

POUR ALLER PLUS LOIN

Comment est-ce que je me prépare à accueillir le Prince de la paix ?

Quels combats ai-je à mener pour vivre la paix intérieure ?

Comment puis-je manifester ma solidarité avec les chrétiens de Terre sainte ?

La lanterne de l'Avent

MATÉRIEL

- Une paire de ciseaux.
- Un cutter.
- De la colle liquide.
- Un lumignon rechargeable ou à pile.

« Prions en Église » a conçu et réalisé pour vous ce bricolage inédit de la lanterne de l'Avent. À l'aide de la page 17 fabriquez votre lanterne qui, dimanche après dimanche, illuminera votre prière.

[DÉCORER]

« Votre rédemption approche »
Luc 21, 28
« Tout ravin sera comblé »
Luc 3, 5
1ER DIMANCHE DE L'AVENT
2E DIMANCHE DE L'AVENT

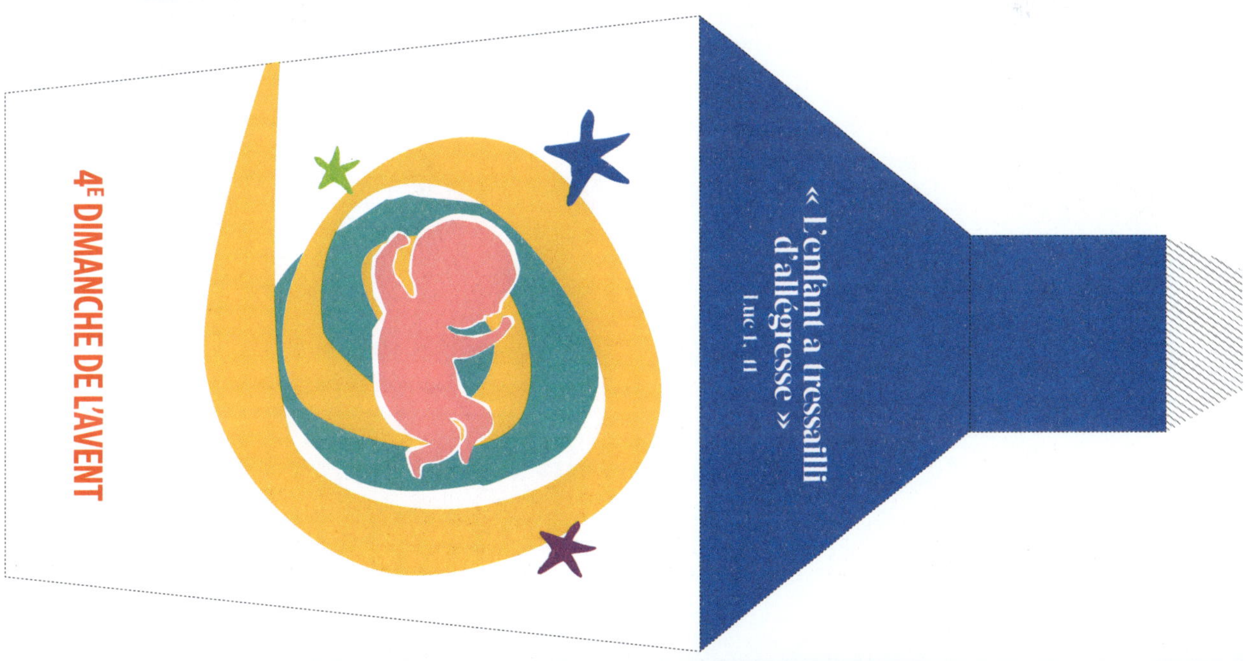
4E DIMANCHE DE L'AVENT
« L'enfant a tressailli d'allégresse »
Luc 1, 41

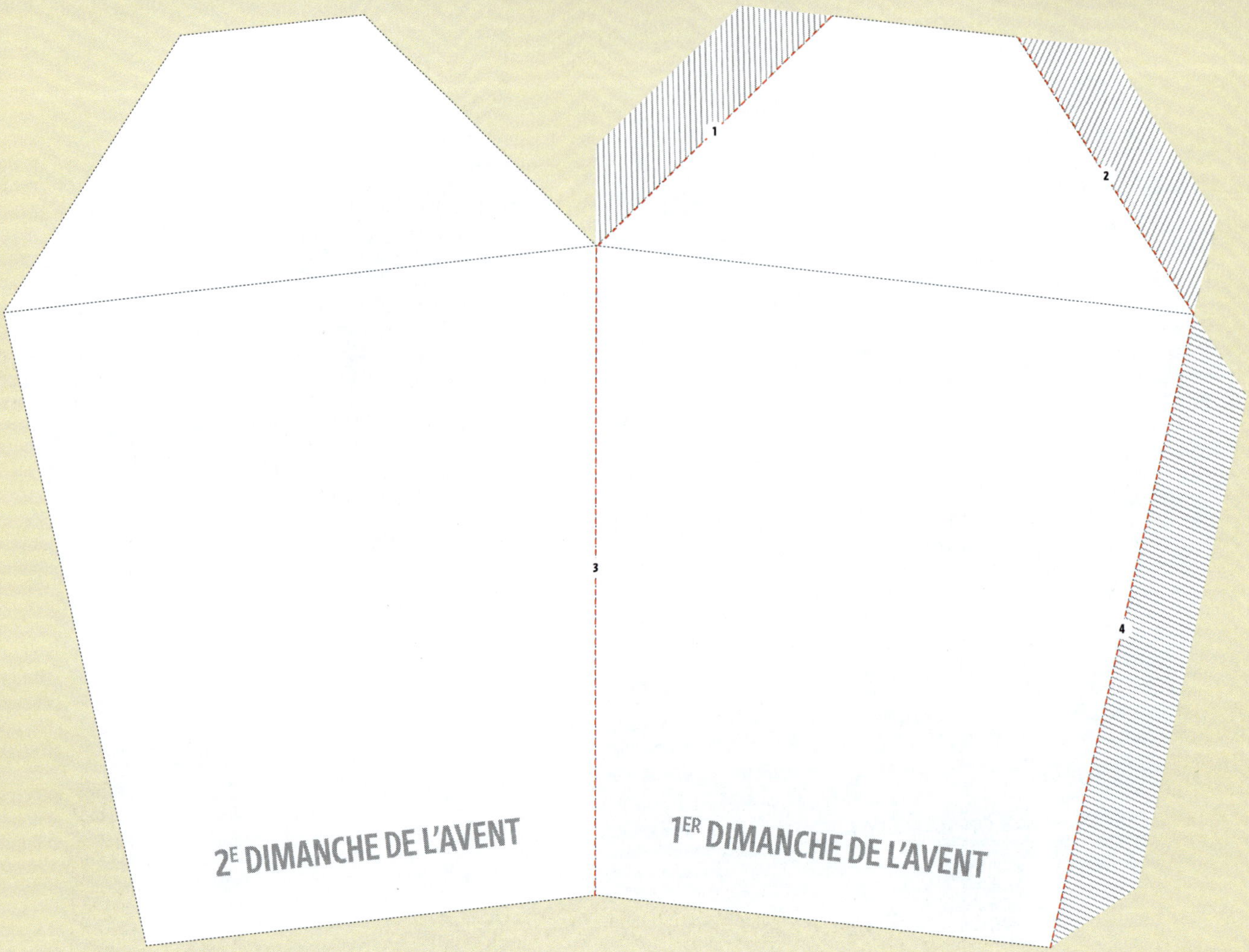
1
2
3
4
2E DIMANCHE DE L'AVENT
1ER DIMANCHE DE L'AVENT

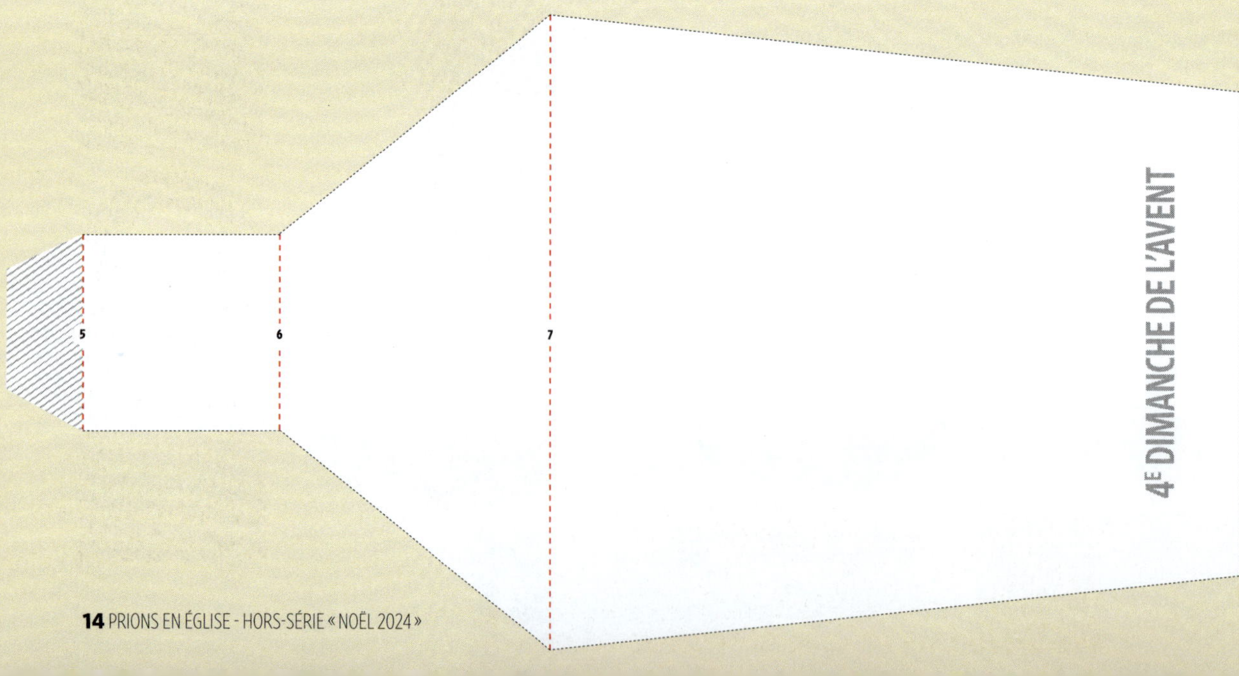
5
6
7
4E DIMANCHE DE L'AVENT

« Ne faites violence
à personne »
Luc 3, 14
3E DIMANCHE DE L'AVENT

2E DIMANCHE DE L'AVENT
1ER DIMANCHE DE L'AVENT
3E DIMANCHE DE L'AVENT
4E DIMANCHE DE L'AVENT

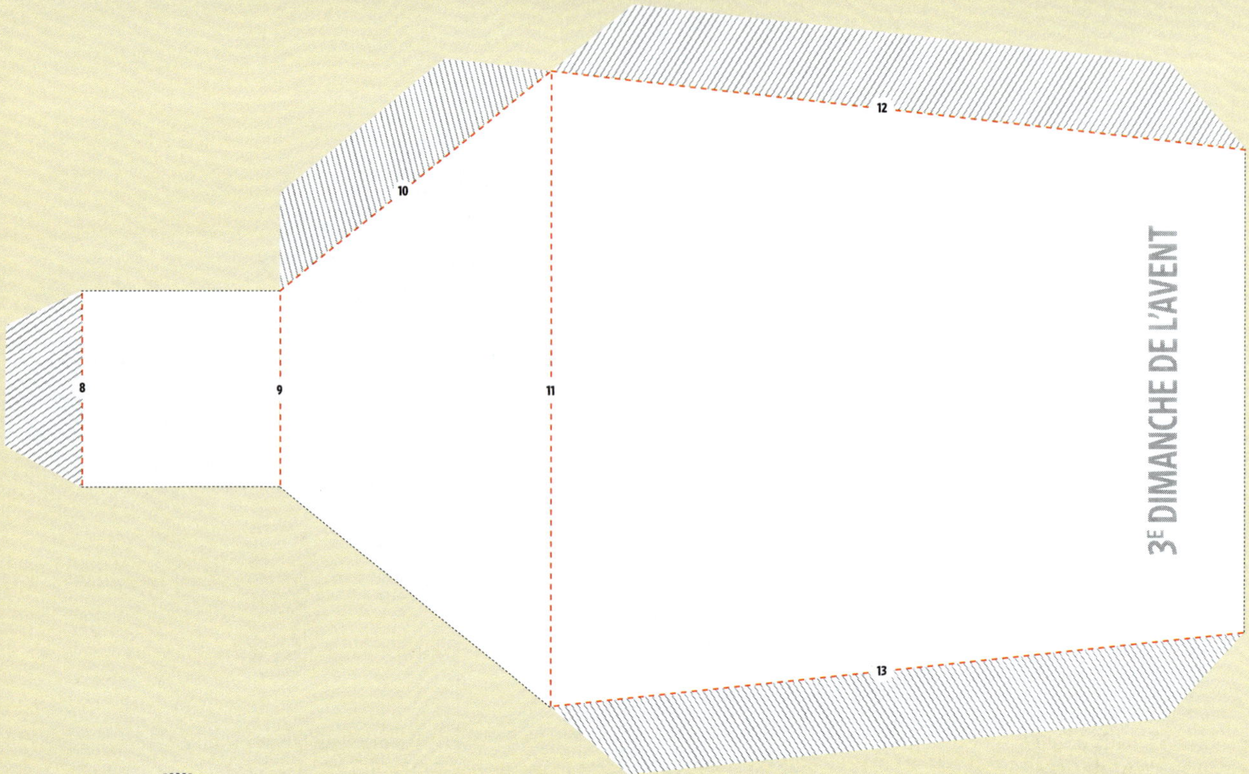
12
10
8
9
11
3E DIMANCHE DE L'AVENT
13

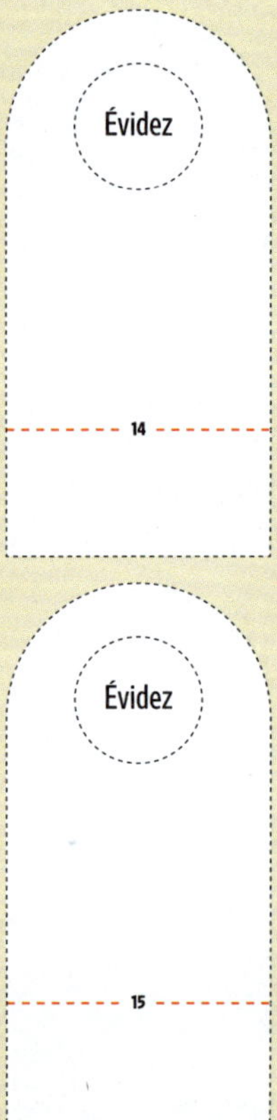
Évidez
14
Évidez
15

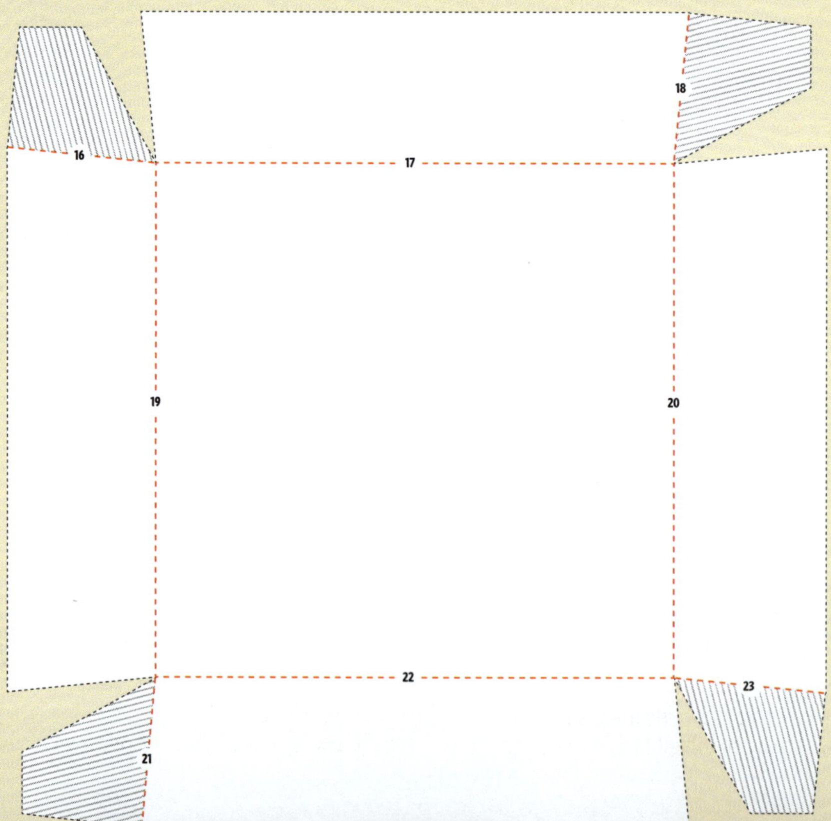
18
16
17
19
20
22
23
21

Comment fabriquer votre lanterne de l'Avent

Pour évider, le cercle, choisissez de préférence le cutter.

1. Découpez les 6 éléments à l'aide d'un cutter ou d'une paire de ciseaux.

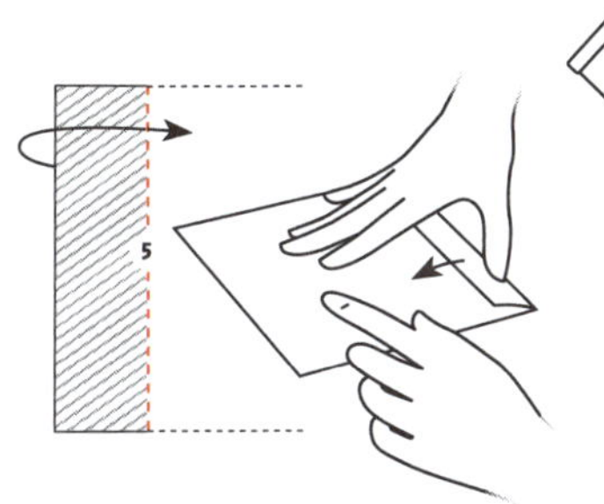

2. Marquez vers vous les 23 plis rouges numérotés du montage.

3. Collez ensemble les 2 parties qui forment l'anse. Laissez les pattes libres.

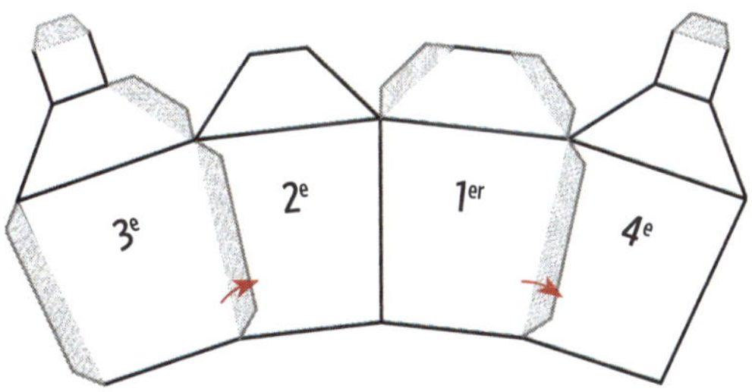

4. Alignez les faces intérieures dans cet ordre des dimanches. Collez les pattes suivant ce schéma.

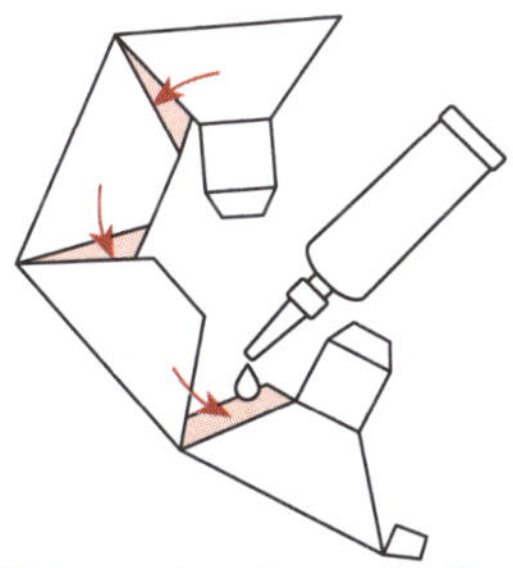

5. Formez le volume et collez sous les rabats les 3 pattes du haut.

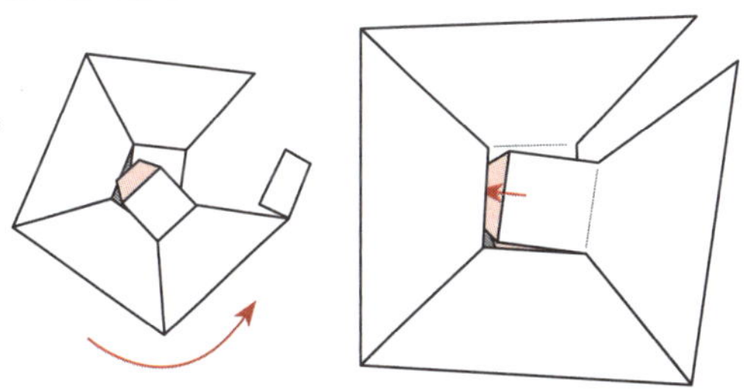

6. Collez la patte du dessus sous le rabat. Collez l'autre par l'intérieur.

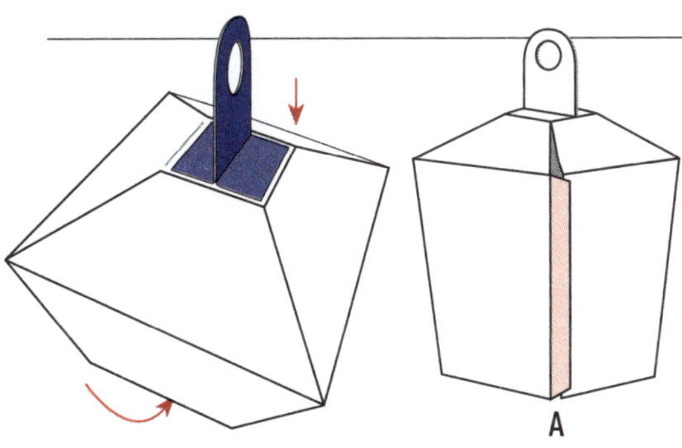

7. Collez l'anse en passant une main à l'intérieur. Fermez la lanterne en collant la dernière patte (A).

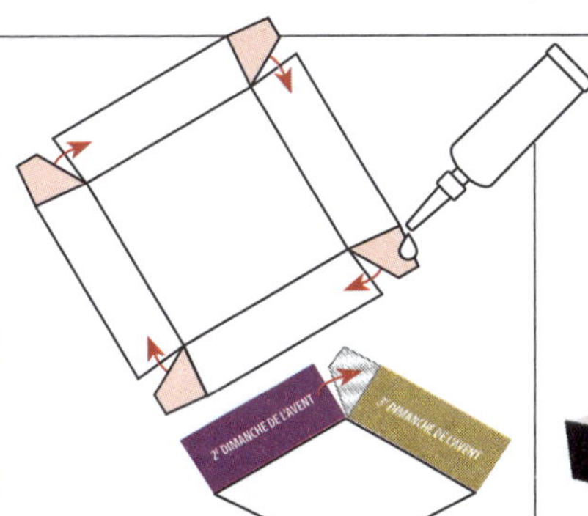

8. Montez le socle en collant les pattes sur les rabats.

Vous pouvez également fixer la lanterne au socle et la suspendre.

9. Placez-y un lumignon allumé. Posez votre lanterne de l'Avent dans le socle !

Mode d'emploi et schémas : © Béatrice Basteau

[TEST]

Quel artisan de paix êtes-vous ?

La fête de la Nativité appelle à l'espérance, celle qui anime les artisans de paix dans le monde. Avec ce test de Noël, découvrez l'artisan de paix qui est en vous.

La recette de Noël

Que trouvera-t-on sur votre table du réveillon ?

- Un plat exotique dépaysant ★
- Un plat régional réconfortant 🎁
- Un plat simple et ordinaire ❄
- Votre plat préféré 🌲

Un café avec...

Si cela était possible avec qui aimeriez-vous prendre un café ?

- Robert Schuman, père fondateur de l'Europe 🎁
- Le Bouddha, maître spirituel et d'introspection 🌲
- Mère Teresa, prix Nobel de la paix ❄
- Votre arrière-arrière-arrière-grand-mère ★

En chantant

Si vous étiez une chanson...

- Manhattan-Kaboul (Renaud/Axelle Red) ★
- Un homme heureux (W. Sheller) ❄
- Imagine (J. Lennon) 🌲
- Quand on n'a que l'amour (J. Brel) 🎁

Un lieu de prière

Si vous étiez un lieu de prière, vous seriez...

- En plein air pour prier pour tous ceux que vous croisez 🌲
- Votre coin prière, chez vous, où vous vous recueillez tous les jours ★
- Votre église paroissiale où vous allez tous les dimanches 🎁
- Saint-Pierre de Rome ou vous irez pour le jubilé 2025 ❄

Faiseur de paix

Pour vous, faire grandir la paix c'est...

- Vous engager et accueillir ceux qui en ont besoin 🌲
- Faire silence et trouver votre unité intérieure 🎁
- Faire des voyages et rencontrer des gens différents pour découvrir leur culture ❄
- Développer l'harmonie avec et entre tous ceux que vous aimez ★

Dessins : Pomme. Texte : Sébastien Antoni.

Alter biblique

Si vous étiez un personnage biblique…

- Le prophète Isaïe qui annonce la venue du Prince-de-la-Paix que le monde attend .... 🎁
- Joseph en Égypte qui retrouve la paix avec ses frères qui l'avaient abandonné .... ❄
- Cyrus, le roi Perse qui a œuvré à la paix avec les Juifs en rétablissant le culte à Jérusalem .... 🌲
- La Vierge Marie qui médite la parole de Dieu dans la paix de son cœur .... ★

Au cinéma

Si vous étiez un film, ce serait…

- Avatar de James Cameron .... ❄
- La vie est belle de Roberto Benigni .... ★
- Joyeux Noël de Christian Carion .... 🎁
- Le Grand Silence de Philip Gröning .... 🌲

Appart ou maison ?

Si vous étiez une habitation…

- Un appartement dans un immeuble d'une cité, vive la diversité des cultures de mes voisins ! .... 🎁
- Une maison en bois, vive l'écoresponsabilité durable ! .... 🌲
- Une tente canadienne dans la montagne, vive le calme de la nature ! .... ★
- Un camping-car rien que pour vous, vive la liberté en famille ! .... ❄

Fête du partage

Noël, c'est quoi pour vous ?

- Partager un réveillon solidaire avec votre paroisse ou une association .... ❄
- Toute la famille réunie pour le réveillon .... ★
- Offrir des cadeaux utiles et « faits main » .... 🎁
- La messe de minuit, bercée par les chants de Noël et la prière d'une chorale de Noël .... 🌲

Diplomate

Face aux différences d'opinions, vous…

- Proposez une balade silencieuse pour méditer sur les divergences .... 🌲
- Partagez des discussions autour d'un repas .... 🎁
- Organisez des soirées jeux de société pour apprendre à se comprendre .... ★
- Organisez des débats houleux mais constructifs .... ❄

[RÉSULTATS DU TEST]

Les résultats vous dirigent vers un artisan de paix.
À chaque artisan, une rubrique de ce hors-série est proposée.

1 Vous avez une majorité de 🌲

VOUS ÊTES UN ARTISAN DE LA PAIX ENTRE LES PEUPLES !

Félicitations ! Vous êtes un véritable diplomate, capable de désamorcer les tensions et de trouver des solutions pacifiques aux conflits. Votre don pour la communication et votre sens de l'humour font de vous un atout précieux pour la construction d'un monde plus uni.

Découvrez page 68 le Voyage culinaire, un tour du monde des recettes de Noël.

2 Vous avez une majorité de ❄

VOUS ÊTES UN ARTISAN DE LA PAIX EN FAMILLE !

Bravo ! Vous êtes le pilier de votre famille, créant un environnement chaleureux et harmonieux où chacun se sent aimé et respecté. Votre dévouement et votre capacité à résoudre les conflits font de vous un modèle pour vos proches.

Découvrez page 28 la rencontre avec Marianne et Hubert de Hillerin.

3 Vous avez une majorité de 🎁

VOUS ÊTES UN ARTISAN DE LA PAIX INTÉRIEURE !

Admirable ! Vous avez trouvé la voie du calme et de la sérénité, et vous inspirez ceux qui vous entourent à rechercher la paix intérieure. Votre sagesse et votre compassion apaisent tous ceux que vous rencontrez.

Découvrez page 62 la rencontre avec Sylvie de Vulpillières.

4 Vous avez une majorité de ★

VOUS ÊTES UN ARTISAN DE LA PAIX POUR LES GÉNÉRATIONS FUTURES !

Visionnaire ! Vous êtes un véritable défenseur de l'environnement et de la justice sociale, et vous travaillez d'arrache-pied pour construire un avenir meilleur pour les générations à venir. Votre engagement et votre détermination font de vous un modèle pour tous ceux qui aspirent à un monde meilleur.

Découvrez page 48 la rencontre avec Guy Willermoz.

Adaptation française du chant de Noël traditionnel d'Angleterre *Away in a manger.*

Pour écouter ce chant, rendez-vous en page 83.

L'Enfant de la promesse

T. Marie-Antoinette Noury ; M. : William James Kirkpatrick ; Studio SM.

[PARTAGER]

Cette année, organisez un « marché aux talents »

Pour un joyeux Noël, vous souhaitez créer des liens entre paroissiens, offrir un cadeau qui sort de l'ordinaire, soutenir une association caritative ? Voici un petit guide pour réussir une journée conviviale et généreuse...

OCTOBRE
DÈS QUE POSSIBLE

1. Constituez une équipe

Formez une équipe de deux à trois personnes qui lanceront et suivront le projet.

Déterminez la date du marché aux talents : le 1er dimanche de l'Avent, pendant le marché de Noël paroissial...

Répartissez-vous les tâches : la communication, la gestion des talents, etc.

NOVEMBRE
DÉBUT NOVEMBRE

2. Annoncez le projet...

Informez les paroissiens à la fin des messes, sur la feuille d'informations paroissiales, le site de la paroisse, les panneaux d'affichage.

Préparez votre annonce :

« Offrez l'un de vos talents, il sera revendu 10 €.
100 % des bénéfices seront reversés à la paroisse (ou à une association).
Petits et grands, vos talents sont nombreux :
cuisiner un gâteau d'anniversaire, donner un cours de rollers, aider à une démarche administrative...
Faites profiter les autres de vos talents !
Inscrivez-vous dès aujourd'hui et jusqu'au [date] *en remplissant le formulaire* que vous trouverez (au fond de l'église, sur le site, par mail, etc.) »*

... et partez à la pêche aux talents

Sollicitez les groupes de la paroisse : parents des enfants du caté, de l'aumônerie, des scouts et guides, le groupe de prière, de partage biblique, la chorale, etc.

Donnez des exemples de talents :

- Initiations : couture, cuisine, photo, jeu d'échecs...
- Découverte d'un instrument, de l'orgue de l'église...
- Simulation entretien d'embauche, relecture de CV...
- Services : petit bricolage, informatique, démarches administratives, montage de meubles, courses...
- Sport : conseils pour le footing, le yoga, le roller, le VTT...
- Apprendre à se repérer dans la Bible, visites de l'église...

*Sur le formulaire de proposition de talents, les personnes indiqueront :
- leurs coordonnées postales, mail et téléphoniques,
- la description du talent en quelques mots,
- le nombre de fois où le talent sera proposé,
- sa durée, son lieu et sa date.

Texte : Geneviève Pasquier. Dessins : © Pomme Mignon.

NOVEMBRE
COURANT NOVEMBRE

3. Réalisez des « bons de talents »

Imprimez des bons de talents → et des contremarques.
Sur le bon de talent, inscrivez le talent, sa date et sa durée.
Sur la contremarque, inscrivez le nom de la personne qui propose ce talent et comment la contacter.
Prévoyez des talents vierges pour des propositions de dernière minute.

DÉCEMBRE
VEILLE DU JOUR J

4. Préparez le marché

Installez un mur aux talents.
Suspendez à un fil les talents avec une épingle à linge.
Préparez un stand où seront délivrées les contremarques.
N'oubliez pas un fonds de caisse pour rendre la monnaie.

DÉCEMBRE
LE JOUR J

5. Le marché aux talents

Les personnes décrochent le talent qu'elles souhaitent acheter ou offrir en cadeau de Noël.
Sur le stand, elles récupèrent la contremarque du talent choisi contre 10 €.
Vous pouvez organiser en même temps une vente de sapins ou un marché de Noël.

Et après...

Confiez les « bons » invendus au secrétariat paroissial pour qu'ils puissent continuer à être achetés.
Détruisez la liste de ceux qui ont proposé un talent. *(La loi ne permet pas de conserver des données personnelles sans le consentement des personnes.)*

Des mots doux...

Offrez du réconfort ! Remplissez un bocal ou une boîte avec des messages à piocher pour soutenir moralement une personne lorsque le besoin se fait sentir.

Sur des petits papiers colorés, écrivez :

– une anecdote amusante partagée ensemble ;

– une histoire drôle ;

– une citation trouvée dans un livre ou sur internet ;

– des compliments : « Pourquoi on t'aime... »

– un extrait d'évangile ;

– nos points communs ;

– des idées de choses à faire ensemble ;

– le titre d'une chanson favorite...

LE PETIT PLUS

★ Vous pouvez ajouter à vos messages des bonbons, des coquillages, des plumes...

« Tout ravin sera comblé »

Luc 3, 5

L'Évangile du deuxième dimanche de l'Avent

LIRE

ÉVANGILE DE JÉSUS CHRIST SELON SAINT LUC 3, 1-6

« Tout ravin sera comblé »

L'an quinze du règne de l'empereur Tibère, Ponce Pilate étant gouverneur de la Judée, Hérode étant alors au pouvoir en Galilée, son frère Philippe dans le pays d'Iturée et de Traconitide, Lysanias en Abilène, les grands prêtres étant Hanne et Caïphe, la parole de Dieu fut adressée dans le désert à Jean, le fils de Zacharie.

Il parcourut toute la région du Jourdain, en proclamant un baptême de conversion pour le pardon des péchés, comme il est écrit dans le livre des oracles d'Isaïe, le prophète : ***Voix de celui qui crie dans le désert : Préparez le chemin du Seigneur, rendez droits ses sentiers. Tout ravin sera comblé, toute montagne et toute colline seront abaissées ; les passages tortueux deviendront droits, les chemins rocailleux seront aplanis ; et tout être vivant verra le salut de Dieu.***

La lanterne de l'Avent

Vous pouvez allumer votre lanterne et méditer le deuxième côté.

VOIR PAGE 12

APPROFONDIR

Commencer par le désert

Le chemin de l'Avent passe par le désert où l'on peut essayer de saisir l'essentiel, tel Jean Baptiste dans l'évangile de ce dimanche. Et si, pour se remplir, il fallait commencer par faire de l'espace ?

LE TEMPS DE LA PRÉPARATION

« Alors notre bouche était pleine de rires, nous poussions des cris de joie; alors on disait parmi les nations : "Quelles merveilles fait pour eux le Seigneur !" »
Ps 125 (126), 2

LE TEMPS DE L'OBSERVATION

L'entrée en matière ne peut être plus claire. L'évangile commence le récit de la vie de Jésus en racontant le milieu dans lequel il naît. Le texte décrit ainsi très précisément qui est gouverneur, qui dirige la Galilée, qui sont les grands prêtres du moment. Puisque ces précisions sont données, on s'attend à ce que les personnes nommées jouent un rôle majeur dans la révélation. Or, il n'en est rien ! Après avoir décrit les lieux de pouvoir politique et religieux, l'évangile raconte que Dieu parle à Jean, au désert. Le contraste étonne et donne le ton. Dieu ne parle que dans un certain vide, un certain dénuement, une forme d'éloignement ou de mise à l'écart qui demande le dépouillement nécessaire pour être entendu. Jean est à la bonne hauteur. Il entend la Parole et se sent autorisé à la prendre. Il entend le changement à venir, il perçoit ce qui se prépare : le voilà prêt. Dès lors, c'est par lui que la continuité avec les prophètes passera.

LE TEMPS DE LA MÉDITATION

L'Avent continue donc, pour qui sait l'entendre, par une invitation. Plutôt que d'aller se perdre dans les occupations et l'activité frénétique pour préparer Noël, pourquoi ne pas aller faire un tour au désert pour y explorer si une Parole nous y attend ? La proposition peut surprendre, comme la démarche du Baptiste a dû étonner. Pourquoi partir au désert alors que tout le monde attend le Sauveur ? Ne serait-il pas logique de le chercher sur les places et dans les lieux où il y a du monde ? Pourtant Jean le Baptiste fait l'inverse. Il se retire du monde quelque temps pour essayer d'entendre l'essentiel. Avant de commencer sa vie publique, Jésus fera de même. L'invitation est donc là. Avant de remplir nos maisons pour être prêts pour la fête, le désert, l'espace, l'ennui sont peut-être les lieux les plus propices pour entendre une parole qui nous concerne et qui nous mènera à la naissance de Dieu dans l'humanité.

LE TEMPS DE LA PRIÈRE

« J'espère le Seigneur de toute mon âme; je l'espère, et j'attends sa parole. »
Ps 129 (130), 5

Marie-Laure Durand, bibliste

AU FIL DU JOUR

Pendant mes activités

Mes occupations mobilisent mon corps, mon cœur et mon âme. Je mets du cœur à l'ouvrage. Grande est ma satisfaction de voir le travail de mes mains aboutir. Ou, au contraire, grande est ma déception quand je n'arrive pas au bout de ce que j'entreprends. Mais quel est le dessein de mes activités ?

« Si le Seigneur ne bâtit la maison, les bâtisseurs travaillent en vain. »
Psaume 126, 1

[RENCONTRER]

© Éric Garault / Pascoandco

Hubert et Marianne de Hillerin

« Nous sommes ressortis plus forts de la crise »

Hubert et Marianne de Hillerin ont traversé bien des houles et des tempêtes, s'éloignant de plus en plus l'un de l'autre, jusqu'à ce qu'un de leurs enfants leur suggère de divorcer. Dans un ultime geste d'espoir, ils se sont accrochés à une bouée de sauvetage : l'association chrétienne Retrouvaille. Ils en sont aujourd'hui les coordinateurs adjoints. Depuis leur pavillon de Verneuil-sur-Seine (Yvelines), ces rescapés attestent que rien n'est jamais perdu. •••

BIO EXPRESS

1972
Naissance d'Hubert à Saint-Germain-en-Laye (Yvelines).

1974
Naissance de Marianne à Paris.

1998
Rencontre au cours d'un pèlerinage en Israël.

2000
Mariage à Saint-Gondon (Loiret).

2002
Naissance de leur premier enfant. Deux autres suivront.

2019
Au bord de la rupture, le couple s'inscrit à un week-end Retrouvaille. Ils s'engageront par la suite dans l'association.

Vous vous êtes rencontrés à Jérusalem il y a vingt-six ans. Racontez-nous…

Marianne: C'était en 1998, lors d'un pèlerinage avec un groupe de jeunes, en Israël. L'un et l'autre, nous marchions vite, plus vite que le groupe… En plein désert, on a fini par se retrouver toujours en tête ensemble. Hubert m'a confié sa vie pas facile, ses aspirations, ses rêves. D'un seul coup, j'avais en face de moi quelqu'un de simple, au bon sens du terme, c'est-à-dire quelqu'un de vrai, de sincère, qui ne ramenait pas tout à lui. On s'est très bien entendu, on riait… J'étais partie la fleur au fusil, sans aucune velléité de rencontre, pour me recentrer sur ma foi, sans imaginer que je reviendrais amoureuse!

Hubert: Je n'avais pas eu de réelle relation amoureuse auparavant et je restais un garçon extrêmement timide. J'étais en recherche d'un idéal inaccessible, tout en ayant peur de me faire du mal. Ma mère et ma sœur m'avaient poussé à faire ce pèlerinage, mais je ne recherchais rien en particulier, juste à passer des vacances. La rencontre avec Marianne a été une révélation. Avant elle, je ne connaissais personne qui chantait à tue-tête sous la douche! Elle m'a déstabilisé dans sa manière de me regarder en face, droit dans les yeux, sans faux-semblant. *(Il se lève et la regarde en face.)* J'ai senti quelqu'un qui m'entendait. J'ai été frappé par son ouverture, sa simplicité et, surtout, sa joie de vivre.

Vous avez expérimenté les difficultés dès l'arrivée de votre premier enfant…

Marianne: La naissance de notre aînée, Julie, a été une descente aux enfers. À l'accouchement, il a fallu la réanimer et on lui a découvert une maladie génétique qui la rendait ultrasensible de la peau. Elle pleurait tout le temps. Le contraste était fort entre la parentalité un peu béate des magazines que j'avais lus pendant ma grossesse idyllique et ce bébé qui souffrait sans cesse. Heureusement, la maladie s'est résorbée au bout de six mois. J'ai, malgré tout, fait une dépression post-partum et Hubert est retombé dans des problèmes d'alcool et de haschich à outrance. Le quotidien avait engouffré absolument tout notre bonheur de couple, comme un tsunami. Nous n'avions plus d'espace pour respirer.

Hubert: C'était une période horrible: nous étions épuisés; je faisais des erreurs au boulot; je consommais de plus en plus d'alcool et je cachais mes bouteilles de whisky sur le balcon…

Avez-vous été soutenus pendant cette période?

Marianne: Nous avons eu la chance d'être épaulés par nos familles. Hubert s'est fait soigner en voyant un psychologue et a traité son problème d'alcool; j'ai, moi aussi, été bien accompagnée. Mais nous avions été blessés tous les deux. Cela avait été très dur pour moi de découvrir Hubert ivre. Ce n'était pas pour ça que j'avais signé! Un jour, j'ai confié ma désillusion à mon père: «Je ne veux pas de cette vie-là, tant pis, je le quitte.» Il m'a répondu: «Si ton mari avait un cancer, est-ce que tu le quitterais? Il est malade. S'il veut guérir, tu dois l'aider à se soigner, et l'accompagner.» Cette phrase est restée, et j'ai rassemblé mes forces.

Hubert: Mon beau-père ne m'a jamais jugé. J'ai pris la décision radicale de tout arrêter – alcool, haschisch –, mais la confiance conjugale s'est clairement rompue à ce moment-là.

© Éric Garault / Pascoandco

Celle-ci peut mettre des mois, des années à revenir. Peut-on aimer quelqu'un en qui l'on n'a plus confiance ? C'est la question que Marianne se posait. J'ai fait quelques rechutes, même si, globalement, j'ai tenu la barre. Le mal-être persistait en moi depuis le mariage. Je gardais une angoisse de fond. J'avais du mal à trouver ma place en tant qu'homme et à m'accomplir dans mon métier de conseiller bancaire, que j'ai plusieurs fois remis en cause. J'avais beau être accompagné psychologiquement et médicalement, ces aides m'ont longtemps enfoncé dans la culpabilité. Au cours d'une thérapie familiale, effectuée en 2013, on m'a fait porter l'entière responsabilité de la situation, sans me donner la moindre piste pour en sortir.

Souvent dans un couple, on désigne un coupable…

Hubert : Mon rôle de père n'était pas du tout épanouissant. J'étais rabroué par ma femme et par mes enfants. J'ai toujours été sensible au rangement, eux n'en avaient rien à faire. Je ne supportais pas la contradiction devant eux. Nos divergences de vues de plus en plus fortes sur l'éducation aboutissaient à des engueulades féroces. Peu à peu, on n'arrivait plus à retrouver de complicité tous les deux, même sans les enfants : notre vie était déchirée.

•••

ACTU
Prochains week-ends Retrouvaille à Notre-Dame-de-l'Ouÿe, près de Dourdan (91), du 7 au 9 février 2025.
Renseignements: www.retrouvaille-coupleencrise.fr ou 06 65 70 65 39.

••• **Marianne:** Il y avait des tensions très fortes, des rancœurs qui n'en finissaient pas de croître. Hubert avait besoin d'ordre, mais surtout que les enfants fassent les choses gentiment et spontanément. Moi qui venais d'une famille un peu bohème, je voulais vivre dans un joyeux bazar. Je trouvais Hubert ennuyeux et trop rigide. Peu à peu, il est passé pour le «méchant». Lui souffrait de voir nos enfants se disputer régulièrement, moi de sentir la légèreté s'éclipser de nos vies. La notion de joie était importante pour nous, mais nous n'arrivions pas à la faire passer à nos enfants. La relation avec Dieu, encore moins: nos enfants se fichaient de la prière et, le dimanche matin, on avait un nœud au ventre à l'idée d'aller à la messe, parce qu'ils allaient faire la tête si on les y forçait. Pourtant, je gardais la foi du laboureur, avec cette conviction: «Aide-toi, le ciel t'aidera.»

C'est finalement par l'association Retrouvaille que le Ciel vous a aidés. Comment y avez-vous atterri?

Marianne: Un dimanche, après un repas en famille particulièrement tendu, ma fille aînée m'a dit: «Mais pourquoi vous restez ensemble alors qu'on voit bien que vous ne vous aimez plus?» J'ai trouvé ça terrible, parce qu'on était tellement amoureux, tellement heureux au début de notre mariage. Nous désirions de toutes nos forces fonder un foyer, nous avions les mêmes valeurs, au fond, et de belles familles. Comment avions-nous pu en arriver là? Sur le coup, je suis partie avec les clefs de la voiture. Je me suis arrêtée un peu plus loin, j'ai pleuré, et je me suis dit: «Quel énorme gâchis, mais on a fait ce qu'on a pu. Et ça va s'arrêter.» J'étais soulagée. *(Elle se trouble et pleure doucement. Son mari lui caresse la main.)*

Hubert: Je ne supportais plus mes enfants, j'étais devenu cinglant, très directif. J'étais à la fois le coupable et la victime. J'étais, moi aussi, arrivé à cette conclusion: «Ras-le-bol, on va divorcer.»

Marianne: Comme un dernier geste d'espoir, j'ai tapé sur Internet quelque chose comme «mariage en crise». Je suis tombée sur le site de l'association Retrouvaille, dont je n'avais jamais entendu parler. Ce sont des couples chrétiens accompagnés d'un prêtre, qui, à travers une session d'un week-end et une série de samedis, donnent des outils très précis à des couples désireux de sauver leur mariage. Il fallait téléphoner tous les deux. Quinze jours plus tard, nous participions à leur week-end. Notre mariage devait être notre priorité absolue, le temps du parcours.

La crise est-elle une opportunité pour le couple, comme l'affirme le pape François?

Marianne: Nous sommes ressortis bien plus forts de la crise. Nous croyions nos sentiments morts, mais, aujourd'hui, nous nous aimons comme jamais. J'ai l'image d'un bateau qui revient au port, cabossé de partout, les voiles déchirées. La vie avait anéanti notre complicité, notre intimité, notre joie d'être ensemble. Mes rêves s'étaient écroulés. À l'issue des trois mois du programme, nous avons retrouvé la complicité et l'intimité d'un cœur-à-cœur que l'on avait perdues. Nous ne cherchons plus de fautif, mais à être chacun responsable du bonheur de l'autre.

Hubert: Retrouvaille nous rappelle aussi qu'on ne se marie pas à deux mais à trois: on remet Dieu au centre de notre mariage.

Rien ne se fait seuls, et si je commence à me retrousser les manches, Dieu sera là: « Demandez ; et vous recevrez ! »

Pardonner n'est pas toujours possible. Est-ce incontournable ?

Hubert : Se demander pardon est capital pour repartir en confiance. C'est une vraie démarche d'humilité de se rappeler qu'on est un homme pécheur. On ne va pas refaire le passé, mais on va prendre du recul sur ses actes : on demande pardon pour reconstruire son couple et s'engager à essayer de faire de son mieux pour l'avenir.

Marianne : Aujourd'hui, la société nous pousse à désigner qui a commis la faute. Elle fabrique des boucs émissaires. En suivant ce programme, je n'imaginais pas que j'aurais des pardons à poser. Je n'avais pas cherché à comprendre les blessures d'Hubert ; je n'avais pas vu qu'il souffrait encore plus que moi. À Retrouvaille, on se coresponsabilise. Certains couples ont des histoires très dures de violence, de trahison... La demande de pardon laisse une chance de regagner la confiance. On peut avancer avec des blessures de guerre, on peut même en sortir plus forts. ■

Propos recueillis par Marilyne Chaumont article paru dans Panorama *en février 2023*

POUR ALLER PLUS LOIN

Dans les moments de crise – familiale, professionnelle, amicale... – quels ont été les soutiens sur lesquels j'ai pu compter ?

Quels ont été les pardons, reçus ou donnés, qui ont changé le cours de ma vie ? Quelle paix ai-je alors vécue ?

Visitation sur le parvis

À l'heure de la réouverture de Notre-Dame de Paris, arrêtons-nous au portail Sainte-Anne de la façade de la cathédrale. Cette Visitation appartient à un linteau de l'époque romane qui, de l'Annonciation à la Nativité, évoque le mystère de l'Incarnation.

Marie et Élisabeth se tendent les bras. Elles avaient besoin de se voir, de se toucher pour mieux comprendre qu'elles participent au mystère du salut. Élisabeth, un peu plus grande que Marie, paraît aussi plus âgée. L'enfant qu'elle porte en son sein est maintenant bien visible : personne ne l'appellera plus la femme « stérile » (Lc 1, 7). La rencontre des deux mères préfigure celle des deux fils, qui viendra lorsque Jean baptisera Jésus dans le Jourdain.

Sur le plissé des tissus sobres et élégants, les mains longues et fines des deux femmes se détachent. Leur geste est tout en retenue. Soulignés par de larges arcades sourcilières, leurs grands yeux sont dirigés vers le parvis. Non, elles ne posent pas pour un « selfie » : la lumière qu'elles recherchent n'est pas celle des feux de la rampe ! Si elles se tournent vers nous, c'est parce qu'elles savent que la joie qui les habite et les dépasse est faite pour être partagée. Car l'action de l'Esprit est toujours communicative : elle nous ouvre à notre prochain. Par leur regard, les deux femmes nous invitent à nous associer au cantique de Marie : « Mon âme exalte le Seigneur, exulte mon esprit en Dieu mon Sauveur » (Lc 1, 46-47).

Lorsque vous venez sur le parvis, quelle que soit l'heure du jour ou de la nuit, les sculptures de Marie et Élisabeth vous y attendent. À tous ceux qui ne s'en sentiraient pas dignes, elles semblent dire : « N'ayez pas peur, venez ! Les petits, les humbles et les affamés ont toujours une place particulière dans le cœur de Dieu. Le salut est aussi pour vous, aujourd'hui ». ■

Dominique Pierre

Visitation, linteau supérieur du portail Sainte-Anne de Notre-Dame de Paris, (vers 1150). Ce linteau fait partie des éléments romans de l'ancienne cathédrale, intégrés au XIIIe siècle dans la façade de la nouvelle cathédrale.

© Dominique Pierre

Lire, écouter, voir...

Avec cette sélection de livres, CD et films proposée par la rédaction, arpentez Notre-Dame de Paris qui rouvre, chantez le jubilé qui démarre, revivez les Jeux de Paris...

Livres

Saint Martin de Tours
Gaëtan Évrard, Éric Mestrallet, Sébastien Fagot
Éd. du Triomphe, 56 p.
Découvrez cette nouvelle édition augmentée de l'album paru en 1996. Dans cette nouvelle version, les dessins de Gaëtan Évrard (illustrateur régulier de *Prions en Église)* soutiennent de manière renouvelée et plus moderne l'histoire de saint Martin, ce soldat au grand cœur qui partagea son manteau avec le pauvre et qui fonda la vie monastique en Occident.

Notre-Dame de Paris
Fondation Notre-Dame
Éd. Première partie, 132 p.
Souvenez-vous du 16 avril 2019. Notre-Dame de Paris manque de disparaître dévorée par les flammes. Cette nuit-là, le monde entier retient son souffle, pleure, prie ! Un peu plus de 5 ans plus tard, le 8 décembre 2024, la cathédrale rouvre ses portes, resplendissante de jeunesse. Lors de votre prochaine visite, vous pourrez mesurer la transformation réalisée par les travaux grâce à ce livre de photos.

Recettes pour cuisiner en famille
Mathilde Ray, Estelle Chandelier
Mame, 56 p.
Et si vous impliquiez vos enfants et petits-enfants dans la préparation du repas de Noël ? Sapin feuilleté, truffes au chocolat, jus de pomme chaud aux épices de Noël, ou une recette de la dinde de Noël n'auront plus de secrets pour eux et pour vous. Ce livre contient aussi des recettes pour l'Épiphanie et le temps pascal. Pour les gourmands, petits et grands !

Éloge spirituel de la rencontre
Pierre-Alain Lejeune
Éd. Artège, 130 p.
Rencontre de soi, rencontre de l'autre, rencontre divine... Pierre-Alain Lejeune redit la nécessité de sortir de soi pour mieux se connaître : « Toute rencontre de l'autre me permet de découvrir ce que je ne suis pas encore. » L'auteur conclut par la rencontre avec Dieu, la plus belle d'entre elles. À l'école de la Vierge Marie qui, à la Visitation, arrive chez sa cousine, comblée de la présence divine, l'auteur insiste : « Le plus beau cadeau que l'on puisse faire aux autres, c'est la présence de Dieu en nous. »

Textes : Sébastien Antoni, Anne-Quitterie Jozeau

« L'éducation est une arme de paix. »

Maria Montessori, médecin (1870-1952)

CD

Les 3 arbres
Jean Humenry, Estelle Chandelier
Arc-en-ciel, Crer
Asseyez-vous confortablement près d'un feu de cheminée, entouré de vos jeunes enfants ou petits-enfants, et plongez avec eux dans ce conte fascinant qui les introduit doucement mais sûrement au sens profond de la fête de la Nativité. Avec ce très bel album illustré avec talent les petits de 5 à 10 ans découvriront que Dieu nous accompagne de manière parfois surprenante, mais toujours fidèle à nos côtés.

Pèlerins d'espérance
Chantons en Église
L'ouverture du jubilé 2025, qui a lieu à Rome du 24 décembre 2024 jusqu'au mois de janvier 2026, est une belle occasion d'écouter ces chants en rapport avec l'évènement qui a lieu tous les 25 ans. Les différents auteurs ont composé des chants autour du thème du jubilé « Pèlerins d'espérance ». Tantôt méditatifs tantôt laudatifs, ces titres nous préparent à vivre le jubilé. On y retrouve quelques citations de Charles Péguy qui a écrit sur la vertu chrétienne de l'espérance, ou encore du pape François à propos du jubilé.

Films DVD

Winter Break
Alexander Payne
Miramax et CAA Media Finance, 2 h 09
Au début des années 1970, un professeur renfrogné et psychorigide d'une école préparatoire de la Nouvelle-Angleterre est contraint de surveiller une poignée d'élèves qui n'ont nulle part où aller pendant les vacances de Noël. Avec Mary, la cuisinière en deuil de son fils devenu soldat au Vietnam, et en compagnie d'Angus, élève brillant mais insolent, ils finiront pourtant par former un semblant de famille recomposée pour le réveillon. Un conte de Noël contemporain !

À corps perdus
Thierry Demaizière et Alban Teurlai
Falabracks, en replay sur France TV jusqu'au 26 février 2025, 1 h 40
Pour clôturer cette année des Jeux de Paris, replongeons-nous dans le parcours de six athlètes paralympiques de haut niveau. Parmi eux, Anne-Sophie Centis, Gabriel Araujo admirables de résilience, de persévérance, et d'esprit de compétition. Thierry Demaizière et Alban Teurlai, qui avaient déjà réalisé le magnifique documentaire sur Lourdes, continuent dans la même veine de sublimation des corps abîmés.

[MONTER UN SPECTACLE]

L'étoile et les deux enfants

La nuit de Noël, deux enfants de Bethléem mènent l'enquête pour résoudre le mystère qui agite toute la ville.

Texte de **Sophie Pelloux-Prayer** • Dessins de **Robin**

CONSEILS

- Le spectacle dure environ 15 minutes. Il nécessite entre 5 et 10 acteurs.
- Insistez auprès des enfants sur l'articulation des mots : que leur diction soit audible grâce à une voix forte et un rythme pas trop rapide.
- Si les enfants sont trop jeunes pour apprendre leur rôle par cœur, faites-les mimer et confiez la lecture des répliques au narrateur.
- Les gestes et intonations des acteurs sont mentionnés *[en couleur dans le texte]*.

LES ACTEURS ET LES ACCESSOIRES

L'étoile

Esther et Nathan

Marie, Joseph et Jésus

L'étable

Les paroles des chants

Les anges (le public)

Fabriquez des ailes en papier et disribuez-les avant le spectacle

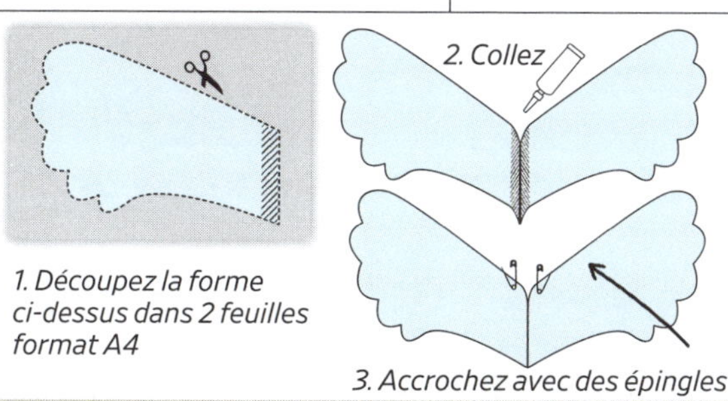

Dessins : © Robin

LE SPECTACLE

Acte I

Personnages : Esther, Nathan, L'étoile.

Tout au long de l'acte, l'étoile danse en tournant sur elle-même. Debout sur une chaise, Nathan a le haut du corps dans une boîte en carton qui s'ouvre comme une fenêtre.

L'étoile *[au public.]* – Cette nuit, un bébé est né, ici à Bethléem. Des anges ont chanté dans le ciel et des mages sont venus de l'autre bout du monde pour lui souhaiter la bienvenue. La ville est en pleine agitation !

[Esther entre, tout excitée. Elle ne voit pas l'étoile.]

Esther – Nathan ! Nathan ! Tu dors ?

[Nathan ouvre les volets.]

Nathan – Pourquoi tu cries, Esther ?

Esther – Descends ! Il se passe un truc EX-TRA-OR-DI-NAIRE !

[Nathan retire la boîte en carton et fait semblant de sortir de chez lui.]

Nathan *[en bâillant et se frottant les yeux.]* – C'est quoi cette nouvelle ?

Esther – Cette nuit, un bébé est né...

Nathan – Oui... et ?

Esther – Des bergers ont été prévenus par des anges. Des mages sont venus de l'autre bout du monde pour le voir ! Tu y crois, toi ?!

Nathan – Bizarre. Pourquoi tout le monde s'agite pour le voir ?

Esther – Allons-y, nous aussi, nous le saurons bien !

Nathan – Mais où est-il ? Bethléem est une grande ville...

Esther *[Elle sort une grosse loupe de son dos.]* – J'y ai pensé : des mages sont venus du bout du monde avec leurs chameaux, des bergers et leurs troupeaux sont allés le voir... Il doit y avoir des traces ! Scrutons le sol !

[Les deux enfants marchent en regardant le sol à travers la loupe. L'étoile s'arrête de danser.]

L'étoile *[au public.]* – Mais... ils ne me voient pas ! *[Elle boude.]*

Acte II

Personnages : Esther, Nathan, L'étoile, les anges (public).

Esther et Nathan tournent en rond. L'étoile boude toujours dans son coin.

Esther – Cela fait trois fois que nous passons devant cette maison ! Toute la ville gesticule, les traces de pas vont dans tous les sens !

Nathan – Oui, mais que faire ? Nous n'avons pas d'autres pistes...

L'étoile *[Elle se retourne d'un bond et fait des grands gestes.]* – Mais regardez-moi bon sang ! J'ai passé la journée à vous éclairer, mais vous avez les yeux rivés dans la poussière !

Esther – Si seulement on avait un indice...

L'étoile *[en parlant pour elle-même.]* – Ils ne m'entendent pas. Ils ne me voient pas... Comment faire pour attirer leur attention ? J'ai une idée ! Les bergers ne me voyaient pas non plus. Ils ont eu besoin... d'une myriade d'anges !

L'étoile et les deux enfants

L'étoile *[au public.]*
– Bonjour, les anges ! Vous êtes prêts à aider ces enfants à trouver la crèche ? C'est très simple : il suffit de chanter avec moi !

L'étoile et les anges entonnent :

« Les anges dans nos campagnes
ont entonné l'hymne des cieux,
et l'écho de nos montagnes
redit ce chant mélodieux :
Gloria in excelsis Deo ! »

[En entendant le chant des anges, les enfants lèvent les yeux éblouis vers le public.]
Nathan et Esther – Là ! Des anges ! et une étoile ! Suivons-les !
L'étoile *[au public.]* – Bravo ! Allez, indiquons-leur la crèche ! Faites comme moi des rayons avec vos bras !
[L'étoile joint ses deux bras comme pour faire une flèche et va se positionner derrière la crèche.]
– Par ici ! Par ici ! Il est là, le roi des rois !

Acte III

Personnages : Esther, Nathan, L'étoile, Marie, Joseph, les anges, l'âne, le bœuf.
L'étoile et les enfants courent vers l'étable. L'étoile s'arrête au-dessus de l'étable. Les enfants sont essoufflés.

Nathan – Toc toc toc, on peut entrer ?
Esther – C'est ici qu'un bébé est né ?
[Joseph et Marie apparaissent, le petit Jésus dans les bras.]
Marie – Vous venez voir Jésus ? Vous êtes au bon endroit. Mais il s'est endormi.
Joseph *[en s'étirant.]* – Je le comprends ! La nuit a été courte…
Esther – Si vous voulez vous reposer, on peut veiller sur lui, nous.
Nathan – Oui, on s'assurera qu'il ne manque de rien.
Marie – Eh bien… C'est d'accord. Nous allons nous allonger un peu. Nous serons juste à côté.
[Marie et Joseph confient leur bébé et s'éclipsent. Esther et Nathan portent le poupon et le regardent tendrement.]
L'étoile *[aux enfants.]* – Dites, les enfants, vous ne pensez pas qu'il faudrait lui chanter une chanson ?
Esther – Une berceuse ?
L'étoile – Bah oui, pour qu'il fasse de beaux rêves !
Nathan *[haussant les épaules.]*
– Mais je ne connais pas de berceuse.
Esther – Moi non plus.
L'étoile – Alors, avec les anges, on va vous en apprendre une.
Tous ensemble :

« Douce nuit, sainte nuit,
dans les cieux, l'astre luit.
Le mystère annoncé s'accomplit :
cet enfant sur la paille endormi,
c'est l'amour infini.
C'est l'amour infini. »

Fin

Dessins : © Robin

[CALENDRIER DE L'AVENT]

Le puzzle de la Nativité

Tel un calendrier de l'Avent, composez, jour après jour jusqu'à Noël, ce puzzle de l'œuvre de Marcellus Coffermans *L'Adoration des bergers*.

Comment réaliser votre puzzle

1. Détachez les pièces du puzzle grâce aux perforations.

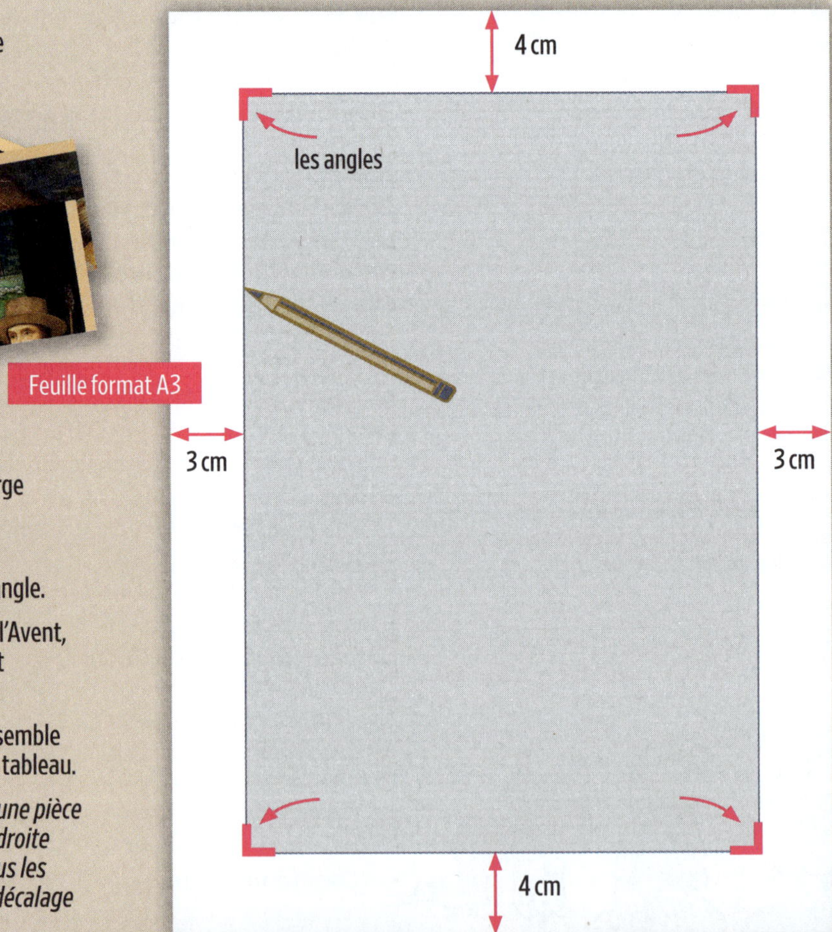

2. Sur une feuille de papier A3, tracez un rectangle de 23 cm de large et 34,5 cm de hauteur.
3. Le 1er décembre, posez une pièce de puzzle en commençant par un angle.
4. Les jours suivants, chaque jour de l'Avent, complétez votre puzzle. en partant de cet angle.
5. À la fin, le 24 décembre, collez l'ensemble des pièces pour pouvoir afficher le tableau.

Si vous souhaitez coller chaque jour une pièce sans attendre, faites-le de gauche à droite et de haut en bas (évitez de coller tous les côtés au début pour ne pas avoir de décalage au centre du tableau).

L'œuvre : L'Adoration des bergers, Marcellus Coffermans (vers 1550). The Metropolitan Museum of Art, New York (États-Unis).

© Getty Images

L'Évangile du troisième dimanche de l'Avent

LIRE

ÉVANGILE DE JÉSUS CHRIST SELON SAINT LUC 3, 10-18

« Ne faites violence à personne »

En ce temps-là, les foules qui venaient se faire baptiser par Jean lui demandaient : « Que devons-nous faire ? » Jean leur répondait : « Celui qui a deux vêtements, qu'il partage avec celui qui n'en a pas ; et celui qui a de quoi manger, qu'il fasse de même ! » Des publicains (c'est-à-dire des collecteurs d'impôts) vinrent aussi pour être baptisés ; ils lui dirent : « Maître, que devons-nous faire ? » Il leur répondit : « N'exigez rien de plus que ce qui vous est fixé. » Des soldats lui demandèrent à leur tour : « Et nous, que devons-nous faire ? » Il leur répondit : « Ne faites violence à personne, n'accusez personne à tort ; et contentez-vous de votre solde. »

Or le peuple était en attente, et tous se demandaient en eux-mêmes si Jean n'était pas le Christ. Jean s'adressa alors à tous : « Moi, je vous baptise avec de l'eau ; mais il vient, celui qui est plus fort que moi. Je ne suis pas digne de dénouer la courroie de ses sandales. Lui vous baptisera dans l'Esprit Saint et le feu. Il tient à la main la pelle à vanner pour nettoyer son aire à battre le blé, et il amassera le grain dans son grenier ; quant à la paille, il la brûlera au feu qui ne s'éteint pas. » Par beaucoup d'autres exhortations encore, il annonçait au peuple la Bonne Nouvelle.

La lanterne de l'Avent

Vous pouvez allumer votre lanterne et méditer le troisième côté.

VOIR PAGE 12

APPROFONDIR

Celui qui vient

En ce troisième dimanche de l'Avent – appelé « *Gaudete* » (« réjouissez-vous ») –, l'évangile nous invite à la conversion : une conversion habitée par la joie de la rencontre qui se profile, et des promesses qui lui sont associées.

LE TEMPS DE LA PRÉPARATION

« Que devons-nous faire ? »
(Lc 3, 10)

LE TEMPS DE L'OBSERVATION

L'attente du Messie, aux visages variés dans le judaïsme contemporain de Jésus, se traduit par un désir de conversion. En témoignent les foules, les publicains, les soldats de l'occupation qui viennent se faire baptiser par Jean. Ils savent que le rite d'eau ne suffit pas et qu'il s'agit d'inscrire ce désir dans la vie concrète : « Que devons-nous faire ? » À chacun de ces groupes, Jean donne une réponse appropriée à ce qu'ils sont et peuvent entendre. Néanmoins, il est un point commun qui les oriente vers le respect d'autrui et, plus exactement, de celui qui se trouve à leur égard dans la position du plus « petit ». Toutes choses qui renvoient aux œuvres de miséricorde telles que les prône le judaïsme (cf. Is 58, 7; Ez 18, 7). Quant aux caractéristiques de la venue du Messie – « pelle à vanner », « feu » –, elles correspondent aux oracles de jugement et à la phase purificatrice de la visite de Dieu telle qu'annoncée, entre autres, par le prophète Isaïe.

LE TEMPS DE LA MÉDITATION

Toute annonce de jugement est appel à la conversion et promesse de purification. Deux réalités qui sont intrinsèquement liées à l'espérance. Nous savons en effet que « Dieu peut susciter des enfants à Abraham » (cf. Mt 3, 9), et donc opérer l'impossible dans le cœur des humains et dans un monde qui semble, sous certains angles, s'acheminer vers sa perte. En outre, Luc qualifie de « Bonne Nouvelle » l'horizon ouvert par le Baptiste, nous suggérant qu'une étape a été franchie dans l'histoire du salut. Bonne Nouvelle de la venue d'un « plus grand que lui » qui « baptisera dans l'Esprit Saint et le feu ». À chacun de nous de s'y préparer en désencombrant son cœur de ce qui empêche, retarde ou abîme la rencontre avec le Christ – l'ultime comme celles qui s'offrent à nous dès à présent. Sans oublier de poser les actes qui nous permettront de nous unir concrètement à lui, le Sauveur et le Seigneur, dans sa pratique à l'égard de ceux qui lui ont été donnés par le Père (cf. Jn 6, 37).

LE TEMPS DE LA PRIÈRE

« Dieu […] que ton visage s'éclaire et nous serons sauvés. » Ps 79 (80), 4

Emmanuelle Billoteau, ermite

AU FIL DU JOUR

Le temps du repas

Ces mets dans mon assiette comblent mon palais et mon estomac. Je prends conscience de leur texture, de leur saveur, leur goût… Chaque bouchée me conduit dans une manducation, véritable méditation culinaire. Combien de mains ont œuvré pour que cette nourriture parvienne jusqu'à moi ?

« Tu mangeras et tu seras rassasié, tu béniras le Seigneur ton Dieu pour ce pays fertile qu'il t'a donné. »
Deutéronome 8, 10

Guy Willermoz, bénévole

« Les personnes de la rue ont une force de vie incroyable »

Chaque samedi matin, des bénévoles du Secours catholique et des jeunes du lycée de la Nativité arpentent les rues d'Aix-en-Provence à la rencontre des personnes de la rue. Guy Willermoz, responsable de ces maraudes, commente les photos de celle de Noël, au cours de laquelle bénévoles et lycéens se transforment en Père Noël. Photos : Christophe Hargoues/Secours catholique

© C. Hargoues/Secours catholique

Révolution fraternelle

« Le triporteur nous permet de transporter les cadeaux à Noël et des packs d'eau l'été. Ça fait beaucoup de volume et de poids. L'assistance électrique est bienvenue ! Les lycéens aiment beaucoup ce véhicule et les passants nous repèrent avec le slogan "Révolution fraternelle". Oui, il faut faire une révolution. Pas une révolution de la société, mais une révolution dans sa tête : il faut changer son état d'esprit, casser les murs qu'on a en soi. Non, nous n'allons pas changer la face du monde. Nous venons simplement en aide à des personnes qui souffrent. Pour moi, c'est le message du Christ : aller vers les plus faibles, quoi qu'il arrive. »

S'accroupir

« La première chose que je dis aux lycéens, c'est de s'accroupir pour rencontrer les personnes de la rue. Certains jeunes n'osent pas. Ce n'est pas de la condescendance, mais de la timidité. Ils n'ont pas le même âge que les personnes qu'ils rencontrent, ne viennent pas des mêmes cercles, ne vivent pas la même vie. Pour entrer en relation avec elles, il faut franchir une barrière. D'un certain côté, il faut se livrer, donner de sa personne. Cela s'exprime dans notre corps. » •••

© C. Hargoues/Secours catholique

Don

« Nous proposons des petits pains au lait, plus moelleux et plus facile à manger pour des personnes qui ont souvent des problèmes de dentition. Les femmes, elles, demandent du shampoing. Puis il y a les besoins classiques: des vêtements chauds l'hiver, de l'eau l'été. Nous préparons des sandwichs devant eux, avec les ingrédients de leur choix. C'est déjà une forme de reconnaissance: nous sommes à leur service. Pour la plupart, ils sont vraiment ravis. Certains même se mettent à pleurer. C'est émouvant.

Nous essayons de leur apporter de la considération. Le mot "considération" vient du latin *"sidus"*, l'astre. Considérer quelqu'un, c'est croire qu'il y a un astre en lui.

À Noël, la maraude est un peu à part, puisque nous venons aussi avec des cadeaux qui ont été préparés par des bénévoles du Secours catholique: des jeux, des choses à manger, etc. Et puis, simplement et surtout, des paquets à ouvrir. »

Refus

« Une autre chose que je dis aux lycéens, c'est que nous ne cherchons pas les remerciements. Si les personnes disent non, c'est aussi une victoire. Justement, nous nous mettons dans une situation où elles peuvent nous dire non. Ce n'est pas parce qu'elles sont à la rue qu'elles sont privées de leur droit d'être malheureux. Je pense à Sylvie, une ex-femme battue qui vit dans la rue. Un matin, Sylvie était bougonne. Mais elle a le droit, avec tout ce qu'elle a vécu! Comment serais-je à sa place? Combattre le froid et les regards condescendants toute la journée, c'est terrible. Ils ont une force de vie qui est incroyable. Je les admire, véritablement. »

© C. Hargoues/Secours catholique

Amitiés

« Cette photo me touche. Cela fait plus de douze ans que Stéphane vit de petits boulots, de la manche… Mais, quand on le rencontre, il est toujours souriant. Il donne le change. Et puis, là, on le voit les traits creusés, avec une certaine fatigue, une certaine dureté. On a presque du mal à le reconnaître. Son chien, Iron, est super affectueux et gentil, alors que c'est un chien de combat. À l'image de son maître. »

Présent

« Nous vivons ces rencontres sans jugement, sans chercher à faire changer de vie les personnes. Il serait illusoire de penser pouvoir le faire. En revanche, nous pouvons leur apporter une présence. Être une présence au présent. Avec les personnes de la rue, nous ne pouvons pas être dans le passé – même si on peut parfois évoquer ce qui leur est arrivé – et c'est très difficile de se projeter dans le futur. C'est aujourd'hui et maintenant. Ce présent me rappelle saint Augustin : on trouve le plus grand que nous – Dieu – dans le moment présent, dans cette singularité du temps. C'est pour cela que ces rencontres sont des moments à la fois très fugaces, le temps d'un regard parfois, mais aussi très forts. Encore plus à Noël, quand règne un esprit de partage et d'ouverture à l'autre. » ■

Propos recueillis par Frédéric Pascal

POUR ALLER PLUS LOIN

Quel geste de soutien m'a aidé à traverser une épreuve ?

Par quel engagement puis-je vivre la charité ?

Où, et comment, puis-je vivre une rencontre « au présent » en cette période de partage et d'ouverture à l'autre ?

[MÉDITER, PARTAGER]

La conversation spirituelle

Le synode pour une Église synodale a mis en lumière la « conversation dans l'Esprit » appelée dans certains documents « conversation spirituelle » ou encore « méthode synodale ». Pour clore cette année, et à la place d'une relecture, nous vous proposons d'en faire l'exercice.

1. À retrouver sur le site de la Conférence des évêques de France : https://eglise.catholique.fr/synode-des-eveques-2024-sur-la-synodalite/

La conversation spirituelle telle que présentée dans le document de travail du synode des évêques[1] est une méthode de discernement communautaire inspirée des exercices de saint Ignace. Elle a été largement proposée aux petits groupes du synode pour l'avenir de l'Église. « Tous ceux qui ont expérimenté l'écoute et le dialogue selon la méthode synodale proposée de la conversation spirituelle témoignent de la joie reçue, de leur reconnaissance d'avoir pu faire entendre leur voix et de leur désir de poursuivre ce chemin de la synodalité », confie sœur Nathalie Becquart, sous-secrétaire du synode des évêques. Cette méthode synodale adoptée au cours de la première phase a démontré sa fécondité sur tous les continents. Elle s'impose aujourd'hui comme le modèle d'échange et de prise de décision dans une Église synodale, même si cette approche particulière d'écoute de l'Esprit Saint n'est ni la seule ni l'unique.

CONDITIONS REQUISES

Parmi les conditions requises pour que ce modèle fonctionne, signalons l'écoute (nous y reviendrons), la prière et l'intention, c'est-à-dire la ferme volonté de se mettre à l'écoute de l'Esprit. La force de cette méthode réside dans l'accueil de l'Esprit Saint tout au long de la démarche et sa valeur est éminemment missionnaire. Dans le Nouveau Testament, de nombreux passages suggèrent cette écoute transformante de l'Esprit. Le récit de la rencontre du Seigneur ressuscité avec les deux disciples sur la route d'Emmaüs en est l'un d'eux (Lc 24,13-35). Loin d'une méthode, ce passage pointe le but de la conversation elle-même, c'est-à-dire, le moment où les yeux des disciples s'ouvrent pour •••

© Corinne Simon/Hanslucas

••• reconnaître le Christ. Le document de préparation au synode souligne la dimension missionnaire de cet épisode de Luc : « La conversation dans l'Esprit construit la communion et apporte un dynamisme missionnaire : les deux disciples, en effet, retournent dans la communauté qu'ils avaient quittée pour partager l'annonce pascale de la résurrection du Seigneur » *(Instrumentum laboris* § 36). Dans d'autres mots, la conversation spirituelle se réalise dans l'annonce de l'Évangile et le service des plus pauvres. La décision issue de cette méthode est une action missionnaire.

UNE CONVERSION DU CŒUR

Dans la conversation spirituelle, l'écoute demeure active, attentive, intégrale, sans jugement… Plus qu'une attitude, elle est ici une véritable conversion du cœur. Il s'agit de prêter attention non seulement aux mots, mais aussi au ton et aux sentiments de celui qui parle. Autant que d'identifier les émotions et pensées que cette écoute réveille en soi-même. Ce type d'écoute est exigeant. Il suppose en retour de parler avec le cœur, autrement dit, de formuler sa pensée, son expérience ou son ressenti aussi clairement que possible, avec sincérité et en confiance. De cette manière, les participants à une conversation spirituelle se font mutuellement le don d'une parole méditée et nourrie par la prière, et non d'une opinion improvisée sur le vif. Il ne s'agit pas d'avoir raison ni de convaincre l'autre. Une conversation est l'inverse d'un bavardage. La participation à une conversation spirituelle se prépare. Le temps, le silence et la prière sont les meilleurs alliés pour faire émerger une parole personnelle et engageante.

L'INVITÉ D'HONNEUR

L'Esprit Saint est le grand invité de cette méthode. Tout y est mis en place pour faciliter son écoute et le reconnaître à l'œuvre, maintenant. Ainsi, l'enjeu principal est de passer de l'écoute entre frères et sœurs, à celle, ensemble, de l'Esprit.

L'écoute commune de l'Esprit fonde la conscience de l'Église primitive au moment de la Pentecôte (cf. Ac 2). De même, la conversation spirituelle incite à cette expérience. Les organisateurs du synode le confirment, soulignant le désir exprimé dans tous les continents que cette méthode anime de plus en plus la vie quotidienne des Églises. Le pape formule ainsi ce don reçu : « Quand nous vivons la mystique de nous approcher des autres, afin de rechercher leur bien, nous dilatons notre être intérieur pour recevoir les plus beaux dons du Seigneur. Chaque fois que nous rencontrons un être humain dans l'amour, nous nous mettons dans une condition qui nous permet de découvrir quelque chose de nouveau de Dieu. Chaque fois que nos yeux s'ouvrent pour reconnaître le prochain, notre foi s'illumine davantage pour reconnaître Dieu » *(Evangelii gaudium* § 272).

Cette méthode de discernement communautaire, qui facilite l'accueil des autres et de l'Esprit, nous rend témoins de la présence et de l'action du Seigneur, aujourd'hui, dans l'Église. L'objectif poursuivi est de se mettre à l'écoute de l'Esprit les uns avec les autres, et les uns par les autres. Dans le fond et dans la forme, cet exercice spirituel nous fait goûter à une Église synodale qui est déjà au milieu de nous. ■

Karem Bustica

La conversation spirituelle

[EXERCICE PRATIQUE]

Une conversation spirituelle dure deux heures environ.
Elle réunit six à huit personnes. Pour préparer la rencontre, l'idéal est d'envoyer en amont le contenu et le déroulé aux participants en précisant la date et l'heure de la conversation. Pendant la réunion, un animateur facilite l'expression de tous et le suivi de la méthode.

« *Quelle parole le Seigneur m'adresse-t-il pour la nouvelle année ?* »

LE TEMPS DE LA PRÉPARATION : 30 MINUTES ENVIRON

Je lis le récit de la Visitation (Lc 1, 39-45 ; voir p. 60).
Je fais silence.
J'entre en prière, par exemple avec ces mots :
« Seigneur, viens me visiter. Que ce temps de préparation à la conversation spirituelle soit habité par ton Esprit. »
Je relis le texte. Je m'arrête sur l'un ou l'autre passage, je le répète, je me laisse porter.

Ensuite, je me remémore les temps forts de l'année qui se termine. Les événements qui viennent en mémoire parce qu'ils sont importants, essentiels, bruyants. Ceux qui se font plus discrets à première vue.

Je les regarde, les reçois, je remarque la trace qu'ils ont laissée.
Je fais silence.

La conversation spirituelle

Puis, j'oriente la prière : j'entends intérieurement les paroles du Seigneur pour l'année qui vient.
Je relève les attitudes et les paroles de Marie.
Je relève les attitudes et les paroles d'Élisabeth. Qu'engendre leur rencontre ?
Élisabeth et Marie témoignent de l'action de l'Esprit Saint en elles.
Dans ma vie, qu'est-ce qui me donne de la joie ?
Quelles paroles me sont dites de la part du Seigneur ?

Je laisse ce texte me travailler intérieurement et je médite sur l'un des points ci-dessus.
Je fais silence.

Je conclus cette préparation. Il y a peut-être un point, une parole qui résonne plus clairement pour moi, qui se détache du reste. Une évidence ? Une résistance ? Une peur ?
Je note ce que je souhaite partager lors de la conversation spirituelle qui suit.

LE TEMPS DE LA CONVERSATION : 1 H 30 ENVIRON

Nous invitons Dieu à notre échange.
« Seigneur, nous voici rassemblés pour nous écouter et pour t'écouter.
Habite nos paroles et soutiens notre écoute.
Donne-nous un cœur simple et droit
pour te découvrir à l'œuvre, aujourd'hui. »
(5 minutes)

Premier tour de parole : chacun prend la parole à tour de rôle, à partir de son expérience et de sa prière, et écoute attentivement la contribution des autres. Chaque participation n'excède pas les 3 minutes.
(20 minutes environ)

La conversation spirituelle

Nous gardons le silence, dans un climat de prière et d'attention.
J'identifie ce qui m'a touché dans les paroles des autres.
Qu'est-ce qui résonne en moi ? Comment ? Pourquoi ?
(5 minutes)

Deuxième tour de parole : chacun parle à tour de rôle, à partir de la parole des autres.
Il exprime son ressenti et ce qui a résonné en lui. Chaque participation n'excède pas les 3 minutes.
(20 minutes environ)

Nous gardons le silence, dans un climat de prière et d'attention.
Qu'est-ce que j'entends se dégager du précédent échange ? Quelles orientations se profilent ?
(5 minutes)

Troisième prise de parole : sous forme de dialogue.
Nous faisons émerger les éléments de discernement :
les intuitions, les convergences, les discordances, les obstacles, les interrogations.
Nous formulons ce qui nous apparaît comme « la parole que le Seigneur nous adresse pour la nouvelle année ».
Nous déterminons l'action à mettre en place pour accueillir cette parole,
ou pour grandir dans la foi en l'accomplissement de ces paroles,
ou pour recueillir le bonheur de croire en la parole du Seigneur.
(30 minutes environ)

Nous rendons grâce pour le fruit de cette conversation spirituelle,
par exemple avec ces mots :
« Seigneur, ton Esprit est venu jusqu'à nous
et ta parole nous fait tressaillir d'allégresse.
Donne-nous de croire à l'accomplissement
des paroles que nous recevons aujourd'hui de ta part.
Merci de la joie que tu engendres dans nos cœurs,
au nom du Père, et du Fils, et du Saint-Esprit, amen. »
(5 minutes)

« L'enfant a tressailli d'allégresse »

Luc 1, 41

L'Évangile du quatrième dimanche de l'Avent

LIRE

ÉVANGILE DE JÉSUS CHRIST SELON SAINT LUC 1, 39-45

« L'enfant a tressailli d'allégresse »

En ces jours-là, Marie se mit en route et se rendit avec empressement vers la région montagneuse, dans une ville de Judée. Elle entra dans la maison de Zacharie et salua Élisabeth. Or, quand Élisabeth entendit la salutation de Marie, l'enfant tressaillit en elle. Alors, Élisabeth fut remplie d'Esprit Saint, et s'écria d'une voix forte : « Tu es bénie entre toutes les femmes, et le fruit de tes entrailles est béni. D'où m'est-il donné que la mère de mon Seigneur vienne jusqu'à moi ? Car, lorsque tes paroles de salutation sont parvenues à mes oreilles, l'enfant a tressailli d'allégresse en moi. Heureuse celle qui a cru à l'accomplissement des paroles qui lui furent dites de la part du Seigneur. »

La lanterne de l'Avent

Vous pouvez allumer votre lanterne et méditer le quatrième côté.

VOIR PAGE 12

APPROFONDIR

L'accomplissement de la Parole

Dans ce récit de la Visitation, lu en ce dernier dimanche de l'Avent, les paroles d'Élisabeth à Marie font percevoir le cheminement de la parole de Dieu, vouée à l'incarnation.

LE TEMPS DE LA PRÉPARATION

« Jamais plus nous n'irons loin de toi : fais-nous vivre et invoquer ton nom ! »
Ps 79 (80), 19

LE TEMPS DE L'OBSERVATION

C'est un dialogue d'entrailles à entrailles dont il est question dans cette rencontre entre Élisabeth et Marie. Rien n'est vraiment rationnel dans ce qui se passe entre les deux femmes et, pourtant, à lire les paroles d'Élisabeth, une révélation a lieu et elle passe par son ventre. En entendant Marie lui dire bonjour, Élisabeth comprend que quelque chose de Dieu se joue en elle, en elles et dans leur rencontre. Ce qu'elle comprend échappe à la vue. Elle seule peut en témoigner, elle seule est en mesure de partager ce qu'elle vient de saisir. Et elle le fait. Mettre des mots sur un tressaillement est courageux. Élisabeth se fait confiance et fait confiance à ce qu'elle vit. C'est grâce à cela qu'elle repère le cheminement de Dieu en Marie : « Heureuse celle qui a cru… » D'une façon très biblique, les deux femmes s'inscrivent dans une longue tradition, celle qui consiste à accomplir la Parole en faisant confiance.

LE TEMPS DE LA MÉDITATION

Marie et Élisabeth partagent un secret : la parole de Dieu est vouée à l'accomplissement, à l'incarnation. La Parole prend chair, prend vie, prend part à ce monde. Le mouvement est le même depuis la création du monde. Mais ce qui relie Marie et Élisabeth, c'est que désormais elles le savent. La Parole ne s'accomplit pas parce qu'elles ont cru. Elles ont cru à son accomplissement. Parce qu'elles ont su percevoir ce qui était à l'œuvre dans leur vie, elles ont participé en conscience et en confiance à ce qui se jouait pour elles et pour le monde à travers elles. C'est là le véritable secret. Savoir que Dieu s'incarne dans la vie, que sa parole ne reste pas en suspens. Élisabeth et Marie participent par leur confiance. Elles accompagnent cette Parole, elles en perçoivent le chemin et se le disent. Et elles nous offrent d'en prendre conscience à notre tour. Noël est l'espace privilégié pour prendre part à cet avènement.

LE TEMPS DE LA PRIÈRE

« Une lumière est semée pour le juste, et pour le cœur simple, une joie. »
Ps 96 (97), 11

Marie-Laure Durand, bibliste

AU FIL DU JOUR

Le temps d'une pause

Autour d'une tasse de thé fumante, dans une conversation avec un collègue ou une amie, je laisse mon esprit vagabonder. Dans cet instant suspendu, je mets de côté le tumulte de mon quotidien. Un souffle de gratitude m'envahit pour ce simple moment de répit.

« Venez à moi, vous tous qui peinez sous le poids du fardeau, et moi, je vous procurerai le repos. »
Matthieu 11, 28

Sylvie de Vulpillières

« L'humanité accouche difficilement de la douceur »

Docteure en théologie biblique et enseignante aux Facultés Loyola Paris (ancien Centre Sèvres), Sylvie de Vulpillières revient sur la paix dans la Bible. Loin d'une absence de conflit mollassonne, la paix y apparaît comme un chemin, un mouvement, une grâce coûteuse.

[RENCONTRER]

« Prince de la paix », c'est ainsi qu'est nommé Jésus lors de sa naissance. D'où vient ce titre et que dit-il de l'identité de Jésus ?

L'évangile de Luc est celui qui parle le plus de paix ; en effet il est question de paix dès la naissance de Jésus. Les anges annoncent aux bergers « une bonne nouvelle ». Et l'armée céleste chante : « Gloire à Dieu au plus haut des cieux et sur la terre paix pour ses bien-aimés »* (Lc 2,14). Ce titre de Prince de la paix n'est donc pas donné d'emblée au nouveau-né par Luc mais tous les lecteurs de l'Ancien Testament connaissent cette appellation. Luc s'appuie en effet sur Isaïe : « Car un enfant nous est né, un fils nous a été donné. La souveraineté est sur ses épaules. On proclame son nom : "Merveilleux-Conseiller, Dieu-Fort, Père à jamais, Prince de la paix » (Is 9, 5).

D'où vient ce titre de Prince ?

Ce titre est à remettre dans son contexte. Si, dans les Actes des Apôtres, Jésus est « Prince de la vie » (Ac 3,15), « Prince et Sauveur » (Ac 5,31), le « prince de ce monde », dans l'évangile de Jean, est ennemi de •••

© Delphine Blast

« La paix avec Jésus arrive toujours après un événement : une naissance, une guérison, une conversion... »

••• Dieu, il est celui qui entraîne vers le mal (cf. Jn 12, 31). Dans l'évangile de Luc et dans les Actes, ce Prince de la paix est d'abord un petit enfant emmailloté. On a déjà le contraste entre la puissance du salut et la faiblesse du nouveau-né.

Mais que veut dire « Prince de la paix » pour un enfant emmailloté ?

Chez Luc, nous avons quasiment tous les titres de l'identité de Jésus dans les trois premiers chapitres, et il est souvent question de paix. Zacharie chante le salut envoyé par Dieu, un salut pour la paix (cf. Lc 1, 68-79). Marie, lorsqu'elle rencontre sa cousine Élisabeth, rappelle comment le Dieu d'Abraham, d'Isaac et de Jacob est celui qui se souvient de sa promesse pour relever les plus petits et disperser les orgueilleux (cf. Lc 1, 46-55). Cette annonce de Jésus comme Sauveur apportant la paix est une certitude mais aussi une question: comment cela va-t-il se passer ? Comment cet enfant vaincra-t-il et comment sera-t-il le sauveur d'Israël, le prophète attendu ? Comment pourra-t-il régner sans fin ? Autant de questions non abordées, car les modalités importent moins pour le moment que la connaissance de l'identité insigne de l'enfant.

De quelle paix parle-t-on ?

Cette paix n'est pas la *Pax romana*, comme on disait à l'époque. Ce n'est pas la paix apportée par des armées, un général, on le comprendra vite. Zacharie prophétise en disant que c'est un salut pour la paix et le pardon des péchés. Avec les magnifiques paraboles du chapitre 15 de l'évangile de Luc, on assiste à un glissement sémantique qui fait que la paix sera associée à la miséricorde. Dieu a des entrailles qui se déchirent pour cette humanité qui va mal. C'est ce regard sur les plus faibles qu'il veut apporter et donner. La paix advient surtout quand Jésus guérit : « Ta foi t'a sauvée. Va en paix » (Lc 7, 50 ; 8, 48). Cette paix est un mouvement. Elle est toujours associée à un « mieux aller », à la guérison du corps et de l'âme, à la foi et au salut.

Le mot « paix » que l'on trouve si souvent dans les évangiles ne ressemble-t-il en rien à l'idée que nous nous en faisons ?

Il est vrai que l'on associe paix, guerre, armées, soldats. Or la paix de Jésus est d'un autre ordre; mais elle n'est pas non plus une paix mollassonne. Elle réclame une *metanoia*, un retournement, parfois même un combat. La paix avec Jésus arrive toujours après un événement: une naissance, une guérison, une conversion, mais aussi dans l'envoi en mission. « Dans quelque maison que vous entriez, dites d'abord : "Paix à cette maison" » (Lc 10, 5-7). Il s'agit de pouvoir vivre sa vie paisiblement.

La paix a donc partie liée avec la vie ?

Oui. La paix que Jésus apporte est le regard de Dieu sur l'humanité. Un regard vivant, agissant, vital. Dans le Premier Testament, Dieu donne une loi aux hommes pour vivre en paix. Il envoie des bénédictions, exhorte à choisir la vie. Avec Jésus, c'est une paix ici-bas, maintenant. C'est aussi un chemin à prendre.

Cette paix ne vient-elle pas contredire les paroles de Jésus lui-même : « Je ne suis pas venu apporter la paix mais bien le glaive » (Mt 10, 34) ?

Mais ce n'est pas une paix irénique ! Ce n'est pas l'arrêt de tout conflit. Choisir Jésus est

© Delphine Blast

un choix radical et vivre en paix exige des choix. Matthieu parle de « glaive » et Luc de « division » (cf. Lc 12, 51-53). Cela veut dire que nous avons à discerner, sans mollesse et avec réalisme. Nous avons de multiples exemples dans notre vie : la dispute, la séparation… Parfois elles sont les conséquences d'un choix, certains sont douloureux, car cette paix est exigeante. Suivre le Christ passe souvent par un chemin de souffrance, et l'apôtre Paul nous rappelle que nos choix passent par la Croix. Nous pouvons oublier la radicalité de ce symbole, mais la Croix est bien le résumé de la vie du Christ.

La paix telle qu'annoncée par la venue de Jésus est-elle alors impossible ?

L'humanité accouche difficilement de la douceur. Croyez, priez pour que cela arrive. C'est notre foi. Et c'est ce que Jésus est venu nous dire.

Peut-on s'éduquer à la paix ?

Oui. En regardant la bonté et la beauté des choses mais aussi en pleurant avec ceux qui pleurent. Dieu nous veut comme le Bon Samaritain. Il nous veut proches, réconciliés avec tous, y compris avec notre « maison commune ». La paix est une grâce coûteuse et il faut prier pour que Dieu nous la donne. Car c'est un don qui se reçoit. ■

Propos recueillis
par Sophie de Villeneuve

* Traduction œcuménique de la Bible.

Le secret messianique dans l'évangile de Marc
Cahiers Évangile n° 196, juin 2021.

POUR ALLER PLUS LOIN

La paix passe par la Croix : comment est-ce que j'accueille cette exigence ?

Quelle est la paix que j'attends à Noël ?

Quels sont récits de la Bible qui m'apportent cette paix ?

LES ANGES GARDIENS DE

Robin

Dans la nuit de Noël, la voix des anges annonce la gloire de Dieu.

Pour écouter ce chant, rendez-vous en page 83.

La voix des anges

T.: Marie-Antoinette Noury; M.: Claude Julien Thil; Studio SM.

[CUISINER]

Voyage culinaire

Embarquez pour un tour du monde des goûts et des saveurs ! Voici des recettes emblématiques de Noël des cinq continents.

Bortsch

ENTRÉE

Pologne

Ce plat est originaire d'Europe centrale et de l'Est. La recette varie en fonction du pays. Le bortsch rouge, préparé à base de betteraves est un des douze plats traditionnels du réveillon de Noël polonais.

6 personnes – Préparation 30 minutes – Cuisson 1 h 10

Notre recette est végétarienne mais il est courant d'ajouter du lard en Ukraine ou du bœuf en Russie.

- 3 betteraves crues
- 1/2 chou râpé
- 1 carotte
- 1 pomme de terre
- 1 gros oignon
- 2 gousses d'ail
- 1 poignée d'aneth
- 6 bolets séchés
- crème fraîche épaisse
- 2 cuillères à soupe :
- d'huile
- de pâte de tomate
- de vinaigre de cidre (ou jus de citron)

1 • Plongez les betteraves entières dans de l'eau bouillante. Faites-les cuire jusqu'à ce que vous puissiez enfoncer un couteau. Refroidissez-les, pelez et coupez-les en fines lanières.
2 • Dans un faitout, faites revenir l'oignon taillé, jusqu'à ce qu'il devienne translucide. Ajoutez les gousses d'ail émincées et faires cuire à feu moyen pendant une minute.
3 • Ajoutez les betteraves, la carotte et la pomme de terre coupées en dé.
4 • Versez 2 litres d'eau et faites cuire jusqu'à ce que les légumes s'attendrissent.
5 • Plongez le chou râpé jusqu'à sa cuisson. Incorporez la pâte de tomate. Réservez.
6 • Saisir à la poêle les bolets réhydratés avec un peu de beurre puis ajoutez-les aux légumes. Salez et poivrez. Ajoutez l'aneth et le vinaigre. Laissez mijoter doucement 5 minutes.
7 • Servez bien chaud avec une crème aigre, des petits pains et de l'ail.

Italie

Les sept poissons

Ce festin de la mer est une tradition de Noël venue de l'Italie du Sud, attribuée aux vagues d'immigrants italiens installés en Amérique dans les années 1900.

Japon

Le poulet frit KFC

Le jour de Noël, les files d'attente sont longues chez KFC pour obtenir son poulet grillé, repas de Noël des familles japonaises depuis des décennies !

Égypte

La fatta

Ce ragoût des pharaons à base de pain frit et de riz couverts d'un bouillon à la viande, à l'ail et au vinaigre est le plat de Noël des coptes orthodoxes.

Inde

Le biryani

C'est le plat de fête. En Inde, Noël ou *Bada din* est une fête très célébrée. Bananiers et manguiers sont partout décorés à l'aide de bougies.

Chine

Des pommes

Les Chinois appellent le réveillon de Noël « *Ping An Ye* » qui signifie « nuit paisible ». La tradition est de s'offrir des pommes. Si vous mangez la pomme, vous aurez la paix et la sécurité tout au long de l'année.

Costa Rica

Les tamales

La tradition est de préparer des tamales, feuilles de bananier ou de maïs farcies de viande, cuites à la vapeur. Chaque famille a sa recette secrète.

PLAT

Thiboudiène

Sénégal

Les Sénégalais, qu'ils soient chrétiens ou musulmans, célèbrent dans l'unité la grande fête religieuse de la Nativité.

4 personnes – Préparation 40 minutes – Cuisson 40 minutes

- 4 daurades ou darnes de mérou
- Huile d'arachide
- Farce : ½ botte de persil haché
- 2 gousses d'ail hachées
- 1 petit piment
- Sauce et légumes :
- 1 gros oignon émincé
- 2 gousses d'ail émincées
- 3 tomates en dés
- 3 c. à s. de concentré de tomate
- 1 c. à s. de yét et de guedj (poissons salés séchés)
- 2 carottes pelées et en tronçons
- 3 aubergines dont 2 amères (diakatou)
- 1 chou blanc coupé en quarts
- 1 morceau de manioc
- 1 patate douce (optionnel)
- 3 piments lanterne
- 1 bouillon cube de légumes
- 4 feuilles de laurier
- 600 g de riz cassé 2 x, lavé, précuit
- 7 gombos (cuire juste avant le riz)
- Sel et poivre

La farce

Pilez le persil, l'ail, le piment, salez puis fourrez les poissons (déjà lavés et vidés).

Les poissons

Faites frire les poissons dans 200 ml d'huile. Réservez.

La sauce et les légumes

1 • Dans un faitout, faites blondir l'oignon et l'ail, puis faites revenir 10 minutes les tomates, le concentré, le yét et le guedj. Ajoutez le bouillon cube, le laurier, une tasse d'eau. Remuez, goûtez et ajoutez les légumes. Cuisez 20 minutes.

2 • Ajoutez le poisson fourré, faites mijoter 10 minutes. Retirez les légumes et le poisson au fur et à mesure qu'ils sont cuits. Prélevez un peu de sauce et réservez.

Les gombos et le riz

Portez à ébullition trois tasses d'eau dans le faitout, faites cuire les gombos 5 minutes Les retirer, puis verser le riz. L'eau doit effleurer le riz. Couvrez et faites cuire à feu doux jusqu'à absorption. Servez.

Chiles en nogada

PLAT

Mexique

Ce plat reproduit les couleurs du drapeau mexicain. Le blanc (pureté), le vert (espérance), et le rouge (passion pour la patrie). Il s'agit de poivrons farcis à la viande de porc ou de bœuf, le tout recouvert d'une sauce aux noix très crémeuse, garnie de graines de grenades.

4 personnes – Préparation 30 minutes – Cuisson 40 minutes

- 8 poivrons verts
- Huile d'olive
- Sel et poivre
- Farce : 500 g de porc haché
- 1 oignon
- 3 gousses d'ail
- 60 g raisins secs
- 30 g de pignons
- 1 pomme
- 2 pêches
- 1 kg de tomates
- Sauce aux noix :
- 25 cl de crème fraîche
- 100 g de noix
- 110 g de fromage frais
- Garniture :
- Graines d'une grenade
- Persil
- Feta émiettée

La farce

1 • Dans une poêle huilée, faites revenir la viande avec l'oignon et l'ail hachés. Salez et poivrez.

2 • Ajoutez les raisins secs, les pignons, les fruits et tomates pelés et coupés en dés.

3 • Laissez mijoter à feu moyen en mélangeant jusqu'à ce que la farce épaississe.

Les poivrons

1 • Préchauffer le four à 200 °C.

2 • Pelez les poivrons préalablement noircis à la flamme. Incisez-les sur la longueur afin de retirer les graines. Répartissez la farce à l'intérieur, puis refermez-les.

3 • Mettez au four à feu moyen environ 40 minutes ou jusqu'à ce qu'ils soient tendres.

La sauce aux noix

1 • Mixez tous les ingrédients avec la crème. Salez et poivrez.

2 • Au fond des assiettes, répartissez la sauce chauffée. Déposez-y les piments farcis.

3 • Garnissez de grains de grenade, de persil haché grossièrement et de feta émiettée.

Argentine

Le vitel toné

Les Argentins se sont approprié ce plat emporté par les immigrés italiens pour le repas de Noël. Il se compose de tranches de veau avec une sauce crémeuse de thon et d'anchois.

Russie

Le koutia

Il se compose de blé, symbole de la résurrection ; de miel, symbole de l'éternité ; de noix, symboles de santé et de graines de pavot symbole de la fertilité. Il est considéré comme le plat principal du festin de Noël.

Côte d'Ivoire

Le kedjenou

Le plat de fête est ce ragoût très épicé de viande de brousse, de poulet ou de lapin. C'est la recette des travailleurs agricoles et des chasseurs.

Portugal

Les 13 desserts

Comme en Provence, après la messe, les familles retournent déguster les célèbres 13 desserts, en rappel aux 12 apôtres et Jésus lors du repas de la Cène.

Philippines

Les bibingkas

Tout le pays en liesse prépare « Paska » dès le mois de septembre. Cette spécialité est à base de manioc ou de farine de riz, de lait de coco et d'œufs, préparée dans des feuilles de bananiers.

Cameroun

Met à la pistache

Traditionnellement servi à Noël, ce gâteau salé est réalisé à base de viande ou poisson, cuits ou fumés. Les pistaches sont en réalité des graines de courges.

DESSERT

Risalamande

Danemark

Le risalamande, recette emblématique danoise, est un dessert incontournable de Noël. L'usage veut que, à Noël, on cache une amande dans ce riz au lait. Celui qui la trouve reçoit un petit cadeau.

10 personnes – Préparation 20 min. – Cuisson 50 min. – Repos 4 heures

- 125 cl de lait
- 10 c. à s. de sucre
- 150 g de riz rond
- 2 gousses de vanille
- 200 g d'amandes
- 25 cl de crème fleurette
- 1 bocal de griottes dénoyautées (dans leur sirop)
- 10 g de fécule de maïs
- 4 c. à s. de liqueur de cerise (ou cassis)
- 1 amande entière

Le riz

1 • Mélangez le lait, le riz et 6 cuillères à soupe de sucre dans une casserole et portez à ébullition.
Laissez mijoter à feu moyen 30 à 40 minutes en remuant souvent jusqu'à ce que le riz soit tendre et le mélange épais. Puis réservez. Ajoutez les amandes concassées et l'amande entière.

2 • À l'aide d'un batteur électrique, battez la crème fleurette et 2 cuillères à soupe de sucre jusqu'à l'obtention d'une crème chantilly.

3 • Extrayez les graines des gousses de vanille.

4 • Incorporez vanille et crème au mélange de riz au lait. Couvrez et réfrigérez environ 4 heures.

La sauce

1 • Égouttez les cerises et récupérez le sirop dans une casserole. Ajoutez 2 cuillères à soupe de sucre, la fécule mélangée préalablement à une cuillère à soupe d'eau, et portez à ébullition, en remuant constamment. Réduisez le feu.

2 • Ajoutez les griottes et la liqueur de cerise et continuez à mijoter 5 minutes en remuant de temps en temps. Versez le riz au lait dans des bols et la sauce aux griottes tiède dessus.

Pavlova

DESSERT

Australie

Icône des réveillons de Noël, le Pavlova illumine de son blanc immaculé les tables des Australiens. Ce dessert aurait été baptisé en l'honneur de la célèbre ballerine Anna Pavlova en tournée dans l'hémisphère sud dans les années 1920.

6 personnes – Préparation 30 minutes – Repos 1 heure – Cuisson 1 h 15

La meringue :	- 1/2 jus de citron	- 50 g de mascarpone
- 3 blancs d'œufs	- 1 c. à s. de maïzena	- 10 g de sucre
- 90 g de sucre	**La crème fouettée :**	- 300 g de fruits rouges
- 90 g de sucre glace	- 20 cl de crème liquide	- Extrait de vanille

La meringue

1 • Faites préchauffer le four à 160 °C.
Pendant ce temps, fouettez les blancs jusqu'à ce que le mélange devienne mousseux.

2 • Ajoutez le sucre en poudre et fouettez rapidement pendant encore 5 minutes.

3• Incorporez le sucre glace, le jus de citron et la fécule de maïs.

4 • Versez la meringue sur une plaque recouverte d'une feuille de papier cuisson, en formant une couronne. Vous pouvez vous aider d'une poche à douille.

5 • Enfournez 1 h 15 dans le four à 110 °C.
La meringue doit rester bien blanche.
Laissez refroidir dans le four éteint.

La crème

Pendant ce temps, fouettez la crème liquide à vitesse moyenne jusqu'à ce qu'elle épaississe.
Ajoutez le mascarpone, le sucre en poudre et quelques gouttes d'extrait de vanille.
Quand la meringue est bien froide, recouvrez-la de crème fouettée.
Décorez avec les fruits rouges, nature, en conserve ou surgelés.

États-Unis

L'Eggnog

Le lait de poule a traversé l'Atlantique vers 1700. Les colonies américaines étaient riches en fermes, poulets et vaches et grâce à l'accès au rhum des Caraïbes le rhum vieux fut intégré au eggnog.

Hongrie

Le beigli

Aucun réveillon de Noël n'est complet sans le beigli à la noix et au pavot. Son nom vient de la forme incurvée du fer à cheval, en allemand *beugen* (fléchir).

Canada

Le pouding chômeur

Cette recette au sirop d'érable, pas chère et populaire durant la crise de 1929, a contribué au réconfort des ouvriers de Montréal mis à pied.

« Et paix sur la terre aux hommes, qu'Il aime »

Luc 2, 14

L'Évangile de la Nativité du Seigneur

LIRE

ÉVANGILE DE JÉSUS CHRIST SELON SAINT LUC 2, 1-14

« Et paix sur la terre aux hommes, qu'Il aime »

En ces jours-là, parut un édit de l'empereur Auguste, ordonnant de recenser toute la terre – ce premier recensement eut lieu lorsque Quirinius était gouverneur de Syrie. Et tous allaient se faire recenser, chacun dans sa ville d'origine. Joseph, lui aussi, monta de Galilée, depuis la ville de Nazareth, vers la Judée, jusqu'à la ville de David appelée Bethléem. Il était en effet de la maison et de la lignée de David. Il venait se faire recenser avec Marie, qui lui avait été accordée en mariage et qui était enceinte.

Or, pendant qu'ils étaient là, le temps où elle devait enfanter fut accompli. Et elle mit au monde son fils premier-né; elle l'emmaillota et le coucha dans une mangeoire, car il n'y avait pas de place pour eux dans la salle commune. Dans la même région, il y avait des bergers qui vivaient dehors et passaient la nuit dans les champs pour garder leurs troupeaux. L'ange du Seigneur se présenta devant eux, et la gloire du Seigneur les enveloppa de sa lumière. Ils furent saisis d'une grande crainte. Alors l'ange leur dit : « Ne craignez pas, car voici que je vous annonce une bonne nouvelle, qui sera une grande joie pour tout le peuple : Aujourd'hui, dans la ville de David, vous est né un Sauveur qui est le Christ, le Seigneur. Et voici le signe qui vous est donné : vous trouverez un nouveau-né emmailloté et couché dans une mangeoire. » Et soudain, il y eut avec l'ange une troupe céleste innombrable, qui louait Dieu en disant : « Gloire à Dieu au plus haut des cieux, et paix sur la terre aux hommes, qu'Il aime. »

APPROFONDIR

Gloire à Dieu

La liturgie céleste qui clôture l'évangile de cette nuit nous conduit à approfondir le rôle de nos liturgies: ressaisir dans la prière les événements qui font la trame de notre quotidien et de l'histoire du salut, célébrer le lien entre le ciel et la terre.

LE TEMPS DE LA PRÉPARATION

« *Chantez au Seigneur un chant nouveau, car il a fait des merveilles.* » Ps 97 (98), 1

LE TEMPS DE L'OBSERVATION

Luc tient à enraciner la venue de Jésus dans la singularité de l'histoire d'Israël. Une histoire sur laquelle pèsent les puissants de ce monde qui aiment à exercer leurs pouvoirs sur autrui. La naissance de Jésus dans la bourgade de Bethléem, loin des fastes et des décideurs, contraste avec cette recherche de la gloire humaine. Jésus est destiné à une tout autre gloire, celle que Dieu seul peut donner et qui passe par l'enfouissement dans une humanité aimée jusqu'à donner sa vie pour elle. Luc nous le suggère par touches discrètes: la mangeoire de celui qui s'offrira en nourriture, les langes qui évoquent le linceul. Le choix de Dieu est là, comme il est dans celui d'annoncer aux bergers, déconsidérés par leurs contemporains, la Bonne Nouvelle de la naissance du Sauveur « qui est le Christ et le Seigneur ». Ainsi sont-ils les bénéficiaires d'une théophanie dans la ligne de celles qu'ont vécues Moïse et Élie: au sceau de la lumière pour l'un, au sceau de la voix d'un fin silence pour l'autre.

LE TEMPS DE LA MÉDITATION

« Aujourd'hui. » Laissons-nous rejoindre par ce mot que la liturgie affectionne. Oui, dans la célébration liturgique, mémorial des hauts faits de Dieu, l'événement que nous célébrons trouve son actualisation si nous acceptons de durer dans les ténèbres d'un quotidien sans gloire à vue humaine. Ce quotidien est pourtant appelé à devenir le « lieu » d'une révélation, le « lieu » où s'accomplissent les promesses du salut. « Et toi Bethléem Éphrata, le plus petit des clans de Juda, c'est de toi que sortira pour moi celui qui doit gouverner Israël » (Mi 5, 1); « Oui, voici: je vais créer un ciel nouveau et une terre nouvelle » (Is 65, 17). Aujourd'hui peut s'accomplir en nous l'avènement du Christ Sauveur qui seul peut nous délivrer de la « vie superficielle » (cf. 1 P 1, 18) que nous sommes toujours tentés de mener, par paresse ou difficulté à faire des choix. Car c'est à devenir pleinement vivants que nous sommes conviés.

LE TEMPS DE LA PRIÈRE

« *Béni soit Dieu, le Père de notre Seigneur Jésus Christ.* » (1 P 1, 3)

Emmanuelle Billoteau, ermite

AU FIL DU JOUR

Le soir

La journée s'achève, laissant place à la douceur de la nuit. Le poids de la journée pèse sur mes paupières. Je me prépare au repos, prêt à laisser mon corps et mon esprit se détendre. Dans un dernier moment de conscience avant de m'endormir, je contemple tout ce que j'ai fait aujourd'hui, et pense aux personnes que j'ai rencontrées.

« Ne vous faites pas de souci pour demain: demain aura souci de lui-même; à chaque jour suffit sa peine. »
Matthieu 6, 34

Prière du Jubilé

Le 24 décembre, le pape ouvre la porte sainte de la basilique Saint-Pierre de Rome.
Les millions de pèlerins qui viendront dans la Ville éternelle, tout au long de l'année 2025, franchiront cette porte.
Elle symbolise le passage de l'extérieur vers l'intérieur de la foi. Traverser son seuil rappelle aux croyants que suivre le Christ marque une transition entre un passé et un avenir nouveau à découvrir avec lui et en Église. Unissons-nous au pape, entrons dans l'année jubilaire avec cette prière composée par François.
Bonne année jubilaire à tous !

Venez vivre votre pèlerinage jubilaire à Rome en 2025 avec Prions en Église. *Inscrivez-vous en flashant ce QR code:*

**Père céleste,
la foi que tu nous as donnée
en ton fils Jésus Christ, notre frère,
et la flamme de charité répandue
dans nos cœurs par l'Esprit Saint
réveillent en nous la bienheureuse espérance
pour l'avènement de ton royaume.**

**Que ta grâce nous transforme
en cultivateurs assidus des semences
de l'Évangile qui féconderont l'humanité
et le monde, dans l'attente confiante des cieux
nouveaux et de la terre nouvelle, lorsque
les puissances du mal seront vaincues ta gloire
sera manifestée pour toujours.**

**Que la grâce du Jubilé
ravive en nous, pèlerins de l'espérance,
l'aspiration aux biens célestes
et répande sur le monde entier
la joie et la paix de notre Rédempteur.
À toi, Dieu béni dans l'éternité la louange
et la gloire pour les siècles des siècles.**

Amen.

© Maurix/GAMMA-RAPHO

Le pape François a lancé le jubilé de la Miséricorde en ouvrant la porte sainte de la basilique Saint-Pierre, le 8 décembre 2015. Le pape a franchi le premier cette porte, d'ordinaire murée, immédiatement suivi par son prédécesseur, le pape émérite Benoît XVI.

PrionsenÉglise

Direction
Directeur de la publication : Pascal Ruffenach.
"Prions en Église" est édité par Bayard, société anonyme à Directoire et Conseil de Surveillance au capital de 16 500 000 €.
18, rue Barbès, 92128 Montrouge Cedex.
Actionnaires : Augustins de l'Assomption (93,7 % du capital), SA Saint-Loup, Association Notre-Dame de Salut.
Directoire : Pascal Ruffenach (président), Dominique Greiner, Florence Guémy et Jean-Marie Montel (directeurs généraux).
Président du Conseil de Surveillance : Hubert Chicou.
Directeur du secteur et directeur des rédactions : Jean-Pierre Denis.

Rédaction
Rédactrice en chef : Karem Bustica.
Rédacteur en chef adjoint : Frédéric Pascal.
Directrice artistique : Pomme Mignon.
Secrétaire général de la rédaction : Nicolas Crouzier.
1ers secrétaires de rédaction : Jean-Baptiste Deau, Cécile Toussaint.
Rédactrice graphiste : Béatrice Basteau.
Rédactrice photo : Ania Biszewska.
Rédacteurs : Sébastien Antoni, Anne-Quitterie Jozeau.
Assistante : Armelle Gabriel.

Marketing
Marketing éditeur et développement : Amandine Boivin.
Belgique : Bayard Presse Bénélux, Da Vincilaan, 1 1930 Zaventem. Tél. : 0800 250 38 (de Belgique, gratuit) ou 800 29 195 (du Luxembourg). librairie-bayard.com
Suisse : Asendia Press Edigroup SA, Chemin du Château-Bloch 10, 1219 Le Lignon, Suisse. Tél. : 00 41 22 860 84 02. Mail : abobayard@edigroup.ch

Fabrication : Grégory Cervantes.
Impression : Factory Books & Magazines ; Avda. de la Via Láctea, 1 - 2ª Planta ; Edificio Augusta 28830 San Fernando de Henares (Madrid).

Textes liturgiques : © AELF.
Chants : © Éditeurs. © Bayard et Novalis.
Numéro de commission paritaire : 0425 K 86471 .
Numéro ISSN : 0383-8285.

Octobre 2024. Dépôt légal à parution.

Couverture : Bibliothèque nationale de France – cote : N08496559

Ce numéro comporte sur une partie de la diffusion : encart posé "CCFD Avent 2024" ; encart posé "L'Œuvre d'Orient" ; encart posé "Fondation nationale pour le clergé".

PEFC
PEFC/14-38-00257
Certifié PEFC
Ce produit est issu de forêts gérées durablement et de sources contrôlées
www.pefc-france.org

FR